# 西 山 秘 径

政协北京市门头沟区学习与文史委员会 编

黑 洞 编著

团结出版社

图书在版编目（CIP）数据

京西古道：西山秘径 / 黑洞编著 . -- 北京：团结
出版社 , 2023.10
　　ISBN 978-7-5234-0303-7

　　Ⅰ . ①京… Ⅱ . ①黑… Ⅲ . ①古道 – 介绍 – 北京
Ⅳ . ① K928.78

中国国家版本馆 CIP 数据核字 (2023) 第 137567 号


出　　版：团结出版社
　　　　　（北京市东城区东皇城根南街 84 号　邮编：100006）
电　　话：（010）65228880　65244790（出版社）
　　　　　（010）65238766　85113874　65133603（发行部）
　　　　　（010）65133603（邮购）
网　　址：http://www.tjpress.com
E-mail：zb65244790@vip.163.com
　　　　　tjcbsfxb@163.com（发行部邮购）
经　　销：全国新华书店
印　　装：三河市东方印刷有限公司

开　　本：185mm×260mm　　16 开
印　　张：15.5
字　　数：112 千字
版　　次：2023 年 10 月　第 1 版
印　　次：2023 年 10 月　第 1 次印刷

书　　号：978-7-5234-0303-7
定　　价：98.00 元

## 编委会

泥河湾，二百万年太久；周口店，五十万年还长；
东胡林人，一万年脚步；炎黄蚩尤，五千年文明。京西大地山川，最早谁人踏响……

# 序言一

　　"京西古道"是北京西部地区古老道路的统称，京西古道距今已有成千上万年的历史。最早道路源于远古先民沿永定河天然廊道往来迁移；人工修路始于黄帝邑于涿鹿之阿，"披山通道"于西山。后又因京西之山风光秀美，宗教深入；独特地质结构，遍藏乌金之故。元、明以来，京城百万人家，皆以石炭为薪，加之这里出产石材，琉璃的烧制更是闻名京城，拉煤运货的驼马成群结队，日复一日、年复一年地在山路石道上来来回回，久而久之便形成了京城到西部山区，再远至内蒙古、山西的军旅、进香和商旅道路。京西古道以"京西大道"为主干线，连接着纵横南北的各条支线道路。远古的烽烟、民族的交往、宗教的活动、筑城戍边以及古道、西风、瘦马等数不清的神奇故事，散落或留存在古道两侧，它是那个时代经济、文化的具体象征。从中可以令人深刻感受到时代的变迁和历史的足音。亘远的古道在京西大地上蜿蜒盘旋，日久年深，构成了无与伦比的与大自然相谐的人文奇观。京西古道作为一种文化，从商旅通行到朝拜神庙，从攻防战守到贸易往来，从古都兴建到民族文化交流,它所蕴含的厚重文化底蕴和灿烂的永定河流域文化叠聚成辉,愈显珍奇。专家们称京西古道为"国家级品相的大历史大遗址"。2012年,京西古道被评为"全国第三次文物普查100项重大新发现"之首,《当代北京研究》杂志称京西古道为"北京市最大规模文化遗产"。2016年5月,由国际古道网联合《旅行家》杂志等媒体,组织一批著名的户外、旅游等方面的专家成立评审组,在江西婺源召开评审会,从30条候选古道中,选出首批"中国十大古道",其中京西古道以"最具历史价值古道"入选。

"京西古道"成为我区特质文化品牌,历经了30年的打造过程,其认知度、知名度、美誉度逐渐确立。1993年,区政协文史资料研究委员会编制的《门头沟文史》第1—6辑中,首次刊出《门头沟区的渡口》《门头沟区古战道》《京西矿区古道行》等。1998年4月8日至10日,部分政协委员和文史撰稿员对峰口庵、王平口、大寒岭、石佛岭、牛角岭等路段古道进行了为期3天的考察。同年出版的《京西揽胜》专辑中,设有"雄关漫道"板块,重点介绍卢潭、庞潭、辛潭、玉河、西山、芹涨、天津关等古道情况。2002年,区政协组织编写了《京西古道》专辑,并提交了《开发通衢古道,扩展旅游内涵——关于开发京西古道的调查》,首次提出了"打造京西古道文化品牌"命题。

2002年10月8日,《北京青年报》"一个人与一座城市"栏目发表了门头沟区政协文史参事安全山撰写的《我与京西古道》；2003年，央视科教频道拍摄6集专题片《京西古道》；2004年，《人民政协报》到门头沟进行专题采访，并发表专题文章；之后，央视中文国际频道、纪录频道、北京电视台等多家电视台，《北京日报》《北京晚报》《京郊日报》《新京报》《北京青年报》《新闻导报》等多家报刊，以及多家互联网平台，纷纷刊载或播放与京西古道有关的消息或节目。

北京社会科学院历史所、北京师范大学、北京联合大学应用文理学院及北京学研究基地、北京史研究会、北京古都学会、北京史地民俗学会尹钧科、朱祖希、吴文涛、赵书、刘铁梁、孙克勤、常华、孙冬虎等一大批专家学者一直在关注京西古道。原国家文物局局长、党组书记单霁翔在联合国教科文组织杭州会议以京西古道作为例证之一，讲述文化线路遗产保护问题。国家级文物泰斗罗哲文肯定京西古道是文化线路遗产的提法，并提出将来"深厚的体验在京西古道上"。北京林业大学学生中有的以京西古道为题写毕业论文，有的放弃暑假回家的机会，组织探访京西古道。门头沟、石景山、海淀以及河北省涿鹿县等地一些地方文化人也十分关注京西古道文化，纷纷参加考察或撰写文章。

贯彻落实党的二十大精神，服务区委提出的"生态立区、文化兴区、科技强区"战略，是区政协围绕中心、服务大局的题中之义。单霁翔老先生讲："要抓紧京西古道申报世界文化遗产。"区政协学习与文史委按照区政协党组的要求，组织动员我区政协文史参事，在原有各品类文史书籍基础上，着手编辑能反映门头沟历史演变、地理文脉和山川骨架的"简明读本""集成之作"，讲好门头沟故事。

这次组织编辑出版《京西古道：西山秘径》，正是门头沟区政协落实北京市政协文史工作会精神，"从重视史料征集向史料征集与史料研究利用并重转变"的一次积极尝试；也是对"着重征编对地方社会经济发展有借鉴作用的文史资料，着重征编富有时代精神和内涵的史料，为推动经济社会发展提供现实资佐"的一种积极探索。

编委会

2023 年 7 月

# 序言二

　　门头沟的朋友送来一部书稿，题名为《京西古道：西山秘径》，让我为之写序，我既高兴，又惶恐。高兴，是因为继续有人对京西古道进行全面深入的考察研究，并为之撰写专著，予以热情赞颂及宣传。这是一件值得祝贺的大好事。惶恐，是因为自知水平有限，又年过八旬，思路迟钝，怕写不出好的序文。高兴、惶恐，惶恐、高兴，矛盾的心情斗来斗去，最终还是决定写这篇序文。

　　京西古道，是指那些在悠悠历史长河中所形成的，串通北京西部山区各地或长或短、或宽或狭、或高或低、或曲或直的山区道路。这些古老的山区道路网状分布，纵横交错，如同人体中的血脉滋养着人生一样，对北京西部山区的社会民生产生历史作用。同时，京西古道以西山大路为主干，其内连京城，外接河北、山西等地，在各个不同历史时期，对不同地区之间的生活物流、文化交流、民族交往，以及北京的城市建设、能源供给、文化积淀等诸多方面发挥并产生重要的历史作用及深刻的历史影响。

　　1965 年秋至 1966 年夏，我作为北京大学地质地理系侯仁之教授的研究生，曾被派到门头沟区军响公社灵水村参加农村"四清"运动，历时一年。其间既要同社员们一起到田野里参加农业劳动，又要多次外出进行调研，当时都是迈动两腿徒步行走。因此，我对京西古道有切身的感受和深刻的记忆。

京西古道是何时开始出现的？这是一个难以说得准确、说得清楚的问题。但是，可以肯定地说，这些山间古道是随着人们开始进入山区生活居住并从事各种活动而出现的，后随着时间的延续和人类活动的持续而不断地增多、增广和增强。到了今天，成了我们一笔宝贵的文化遗产。

京西门头沟区的人文历史悠久，文物古迹众多，文化积淀丰富。这里的"东胡林人"至今有上万年的历史，还有"先有潭柘寺，后有北京城"的民间传说。京西古道产生年代较早，使用时间漫长，在军事防御、商贸物流、宗教信仰等诸多方面，历史作用发挥巨大。它与永定河一样，对北京城市的形成发展曾经作出重要的历史贡献。可以说，京西古道不仅仅是一个道路交通体系，也是文化线路体系。它是西山永定河文化的有机组成部分，是京西地区的人文历史承载，是首都北京的一条重要历史文脉。

《京西古道：西山秘径》用简洁生动的文字语言和大量精彩的摄影作品，为大家叙述展示了京西古道的起源、演变及其历史文化，阐述其历史意义与时代价值，并对古道文化的发展以及利用进行了有益探讨。书中精练的文字，精美的图片，卓尔不群，使人耳目一新，油然而生前往踏勘体验之念。

尹钧科·
2023年4月

# 前　言

北京西山，太行山余脉，亿万年前燕山运动隆起。滔滔永定河，300万年流淌，远古人类天然通道，北京的母亲河。京西古道，时空的脚步，行走的光阴，数千年人文历史承载。

人类社会因河流而文明。作为动物移动迁徙的自然通道，永定河很早留下了东方远古人类的活动足迹。永定河的历史存在，对孕育北京湾小平原地理空间环境、丰富地区人文资源积累、催生城市形成发展、促进社会文明进步等诸多方面，均产生并发挥出巨大作用及深远影响。

京西地区人文历史悠久，文化底蕴丰厚，自然资源得天独厚。这里三山豪迈、峡谷情深、大河汤汤、湖水悠悠。金元时期，全真教大师尹志平隐居西山，曾有"万迭山横翠，千盘河曲长"之著名感叹。

自古以来，北京地区远古人类、农耕文明、文化交融、城市建设、工业发展、生态持续、社会进步等，无不与永定河历史息息相关。发展长河中，以永定河为标志统领、具有鲜明地域特色的西山永定河文化带逐渐形成，并愈发显示出其巨大价值魅力及生机与活力。

人文京西，山水大貌，紫气东来，生态涵养。漫漫历史长河，人们于京西古道一路走来，追求美好，寻找未来，人与自然和谐相处，共戴日月，共同创造出一幅具有鲜明特色的西山永定河人文历史画卷。

京西古道，是祖先留给我们的一项重要文化遗产，一笔宝贵的物质与精神财富。作为西山永定河文化带重要组成部分，京西古道已然成为京西门头沟区一张金色的文化名片，在实践过程中，愈加发挥显示其文化张力与价值魅力。

赓续历史文脉，谱写当代华章。文化是一个地区最大的不动产。我们研究人文现象、探索历史意义、发现文化蕴含、创新时代价值，目的在于文化自知、自觉、自信、自强。以文化价值实现为根本目的，文旅融合发展为切实抓手，通过构建京西古道文化体验生态系统，具体服务满足社会大众物质与文化需求，不断促进地区经济社会繁荣发展，更好实现文化兴区战略目标，是时代赋予我们的光荣使命。

2023 年 4 月

# 目 录
## Contents

**古道纵横**  *3—10*

线性文化遗产 / 世界性文化线路遗存 / 华夏文明之光

**京西古道人文叙事**  *11—26*

人文叙事 / 远古走来 / 历史作用 / 文化生态 / 特色属性 / 时代价值

**京西古道文化线路**  *27—214*

西山大路 / 玉河古道 / 卢潭古道 / 庞潭古道 / 麻潭古道
十里八桥古道 / 大寒岭古道
军沿古道 / 石羊沟古道 / 西奚古道 / 天津关古道
清水河古道 / 燕家台古道 / 百花山香道
芹淤古道 / 大村古道 / 青沿古道
妙峰山香道 / 九龙山香道 / 永定河廊道

**京西古道精品线路甄选**  *215—223*

牛角岭古道 / 峰口庵古道 / 老板桥古道
黄草梁古道 / 灵山古道
岢戒古道 / 万桑古道 / 石佛村古道

**附录：京西古道大事记**  *224—231*

远古的脚步 / 文明曙光 / 形成与发展 / 文化研究 / 品牌打造

**后记**  *232*

时空的脚步，行走的光阴。

泥河湾（中国·阳原）

古道者，古来人世跨空移时、运往行来之途；贯朝穿代、纫忧缀乐之线。

时空的脚步，行走的光阴——

# 古道纵横

线性文化遗产 / 世界性文化线路遗存 / 华夏文明之光

# 线性文化遗产

　　古道，是指古人使用过的，并至今保留或部分保留下来的道路遗迹。有云：古道者，古来人世跨空移时、运往行来之途；贯朝穿代、纫忧缀乐之线。作为拥有特殊文化资源集合的线形或带状区域内物质与非物质文化遗产资源形态，古道是人类社会生产生活的历史承载，是联结古今文明的重要桥梁，是祖先留给后人一笔珍贵的线性文化遗产。

丝绸之路（中国）

食盐古道（埃及）

# 世界性文化线路遗存

　　作为文化线路，古道是一种世界性文化遗产存在。欧洲有罗马古道，美洲有印加古道，阿曼有乳香之路，以及圣地亚哥朝圣之路、尼泊尔菩提之路、麦加朝觐之路、新西兰夏洛特女王步道等。岁月悠悠，时空不老。作为一种线性文化遗产资源形态，古道价值蕴含丰富，时代彰显，越来越被更多人所认知，也越来越受到各国政府及国际组织所重视。2014年6月，我国丝绸之路成功入选世界文化遗产名录，跻身于世界著名古道之列。

合符坛（河北·涿鹿）

# 华夏文明之光

　　黄帝建都于涿鹿之阿，披山通道，始于西山；商周时期，"北通燕蓟，南行楚吴，西抵关中，东达齐鲁"；秦始皇统一六国，主修驰道、直道……中国历史悠久，地域广阔，文明灿烂，长河中，祖先留下众多古代道路遗迹，成为我们今天的一笔宝贵财富。

　　华夏大地，文明之光。作为文明古国，我们拥有丰富多彩的文化线路遗产资源，其类型众多，形式丰富，特色显著，功能持久。传递欧亚文明的丝绸之路、古老神秘的茶马古道、风光旖旎的唐蕃古道、横跨世界屋脊的麝香之路、波澜壮阔太行八陉、难于上青天的千年蜀道、丈量徽商历史脚步的徽杭古道、北京城的脊梁中轴线，以及远古走来的京西古道，等等。

京西古道（北京）

人文京西，山水大貌，紫气东来，生态涵养。

一段坍缩的古老时空，一路铿锵的光阴岁月，一部行走的人文历史，一场演绎在西山永定河上的文化生态。

**人文视觉，文化审美——**

# 京西古道人文叙事

人文叙事 / 远古走来 / 历史作用 / 文化生态 / 特色属性 / 时代价值

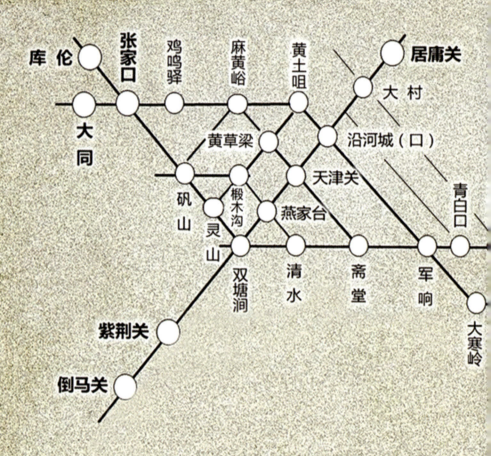

库伦　张家口　鸡鸣驿　麻黄峪　黄土咀　　居庸关

大同

大村

沿河城（口）

黄草梁　天津关　青白口

矾山　椴木沟　燕家台

灵山

双塘涧　清水　斋堂　军响

紫荆关

倒马关　　　　　　　大寒岭

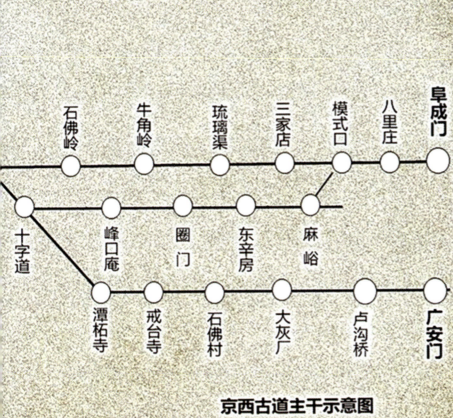

京西古道主干示意图

石佛岭　牛角岭　琉璃渠　三家店　模式口　八里庄　阜成门

十字道　峰口庵　圈门　东辛房　麻峪

潭柘寺　戒台寺　石佛村　大灰厂　卢沟桥　广安门

# 人文叙事

——京西古道，是指北京西部地区、永定河中上游流域，自有人类活动以来所形成的古老道路体系。

——泥河湾、周口店、东胡林人、炎黄蚩尤……永定河亘古滔滔，山峡百里，远古人类生存移动之天然通道。

——京西古道是以永定河为主线的古代交通道路体系，辐射京西平原地区、北京西山及河北怀来、涿鹿部分地区，面积近万平方公里。

——文明记载以来，这里大道为关，小道为口，东望都邑，西走塞上，是古代京城西部连接冀晋蒙地区一条重要的多元文化通道，军事攻防、商贸物流、民族交往、文化交流、能源供给作用显著。

——京西古道门头沟段为网状道路体系，40余条段近700公里，是京西古道遗存最多（270余公里）、最具代表性部分。其中峰口庵、牛角岭、石佛岭等处蹄窝累累，千古绝唱。

——京西古道既包括有迹可循部分，也包括已经消失但可文化追溯部分。

——京西古道历史功能作用主要体现为军旅、商旅、宗教活动三个方面。

——京西古道主干自京城一路向西，连接张库大道，进入草原丝路。

山水相依，刚柔并济。宽容、持重、坚毅、担当。作为一种精神盛载、品质象征，京西古道是一段柔肠、一曲壮歌、一缕炊烟、一场信仰、一种胸怀。它是生活的质感，是生命的鼓舞。作为一段时空载体，它看得见时间，摸得着历史，感悟得到生命的倔强与顽强。作为一条文化筋脉，它肌理清晰，舒展顺畅、兼容有序、触类旁通。无论如何，京西古道是一场人文视觉，一场文化审美。

# 远古走来

　　京西古道，远古走来，大致分为四个阶段。一是史前文明阶段，泥河湾人、周口店人、许家窑人、东胡林人等远古先民，利用永定河谷于北京西山（太行山）往来迁徙，形成天然廊道，为京西古道最初起源。二是有史以来古人修筑及利用的古老道路阶段。黄帝建都于阿，劈山筑路；汉匈攻防进守，烽火西山；金中都、元大都，永定河流域建材、燃料、粮食大量运往京城，京西古道快速发展；及至明清、民国，京西古道已然成为京城能源供给重要通道。三是因现代交通发展而丧失实用功能阶段，古道废弃，落荒于野。四是人们重新发现认识，并研究利用阶段，人们走进京西古道，从中感受文明历史与文化魅力。

　　京西古道伴随永定河流域人类活动而产生，伴随北京城市地位上升而发展。它与东方人类起源（泥河湾）发生联系，与"人文三祖"涿鹿大战、合符釜山而形成的中华文明起源密切相关。北京有3000年建城史，800年建都史。京西古道与京杭大运河一道，成为今天北京城东西两条重要线性文化遗产指向。2007年4月，全国第三次文物普查，京西古道被评为"100项重大新发现"之首，并重新进入人们视野，引起社会广泛关注。

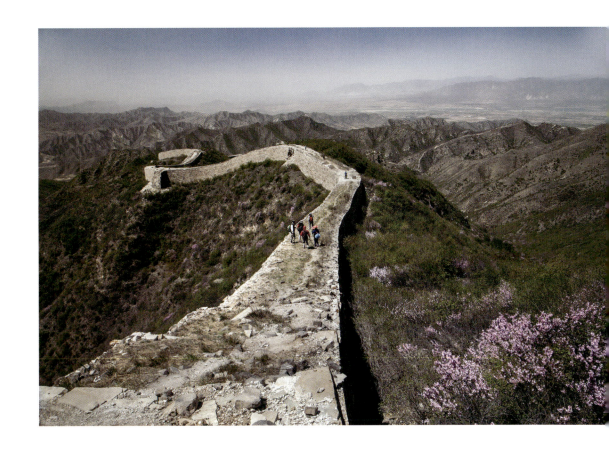

# 历史作用

"京畿西山，北接上谷、南通涿易、西望代地、东瞰燕蓟"，具有重要战略及交通地位。特殊的地理环境，客观的历史条件，京西古道成为北京西部一条官山大道，不仅满足地区经济社会发展与生产生活必需，更是担负京城内外交通、军事防御、物流商贸、城市供给、宗教活动几大历史功能。其对不同地区之间、不同历史时期的民族交融、社会交往、文化交流发挥重要作用。

军事、经济、宗教，是造就京西古道的重要因素。首先，北京西山是京城一道重要军事屏障。这里大道为关，小路为口，边关要塞，军户人家；这里长城敌台，内连三关（居庸、紫荆、倒马），关城座座（大寒岭、王平口、牛角岭），战略纵深，以及堡垒、哨楼、大寨等等，形成立体防御体系，对抵御强族侵扰发挥重要历史作用。

　　其二，京西地区曾经出土商代贝币、战国刀币，经济活动出现较早。京西古道历史久远，分布广泛，遍及西山广大地区。它因人类活动需要而产生，又因社会进步而发展，它与人们生产生活及文化交流密不可分。

　　北京西山，遍藏乌金。元、明以来，京城百万人家，皆以石炭为薪，加之石材、琉璃制品等，为京城重要能源供给之地。"造桥梁以济人渡，修道路以便人行……况西山一带，仰赖乌金以资生理，京师炊爨之用尤不可缺，道路忽尔梗塞，各行生计攸关"（牛角岭修桥补路碑记）。于是，拉煤运货之马帮驼队不计寒暑，不舍昼夜，久而久之便形成了京城至西部山区，以及河北、内蒙古、山西一条重要商旅通道，为京城能源供给提供有力保障。

第三，京西地区寺庙众多，历史悠久（佛教寺庙最早可追溯至东汉时期），宗教文化较为发达。潭柘寺、戒台寺、灵岳寺、显光寺、大云寺、妙峰山娘娘庙等皇封御宠，信众广泛。以寺庙为中心的进香道路发生发展，形成气候，满足京城百姓及周边地区民众信仰需求。

庙会进香，是我国宗教信仰与民俗文化相结合的产物，以民间信俗为文化指征，进香古道"参与"其中，产生内容关联，并以特定行为学表达方式进行"主题"互补，情景交融。京西地区进香古道不仅带动寺庙、茶棚、碑刻、亭台不断发展，也对地区经济进步、村落形成发展、良好乡风养成发挥积极促进作用。

总之，京西古道功能齐全，作用广泛，发挥持久，无论军事、政治、经济、民生，对北京城市形成与发展历史贡献巨大。作为北京西山永定河文化重要组成部分，京西古道对首都北京的历史文化沁润与发展积淀产生深刻影响。

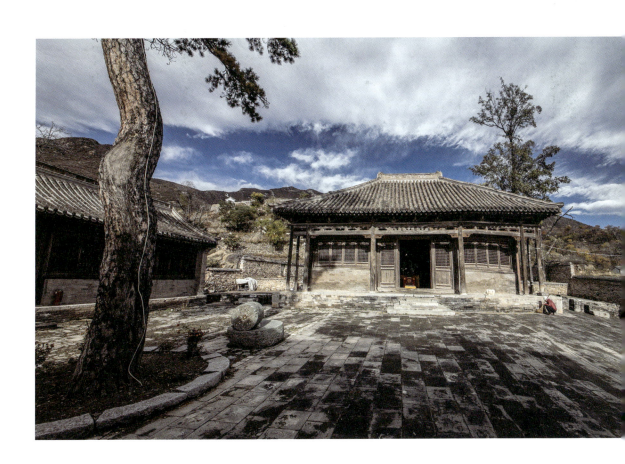

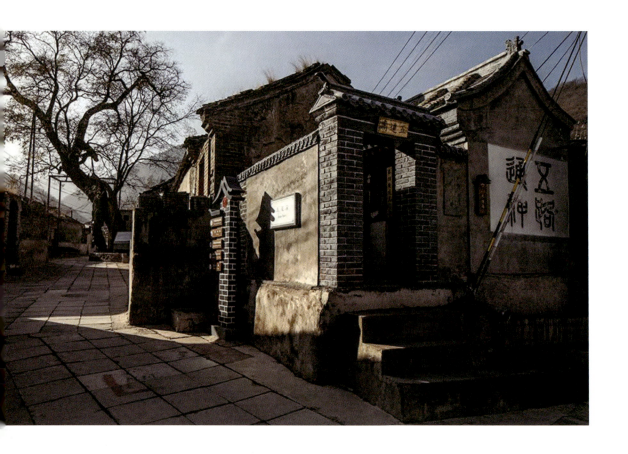

# 文化生态

  京西古道历史悠久，遗存丰富，文化饱满，意蕴深厚。它是古代先民生产生活的时空载体，是不同民族文化交融的桥梁纽带，是人与自然相睦相携的智慧榜样。

  京西古道体现地区社会历史价值取向、生存态度、集体智慧、社会理想与人文精神。京西古道文化内涵丰富，内容饱满，且是一个开放发展的综合体概念。京西古道是具体的、动态的、多维承载且具有时空连续性的文化景观。其具体文化指向不仅包括古道形成与发展、历史文化信息承载、人文生态系统关联作用、当今社会经济发展影响，更要包括文化创新发展，以及社会价值实现等。

文化即生态，生态即体系、即系统。京西古道不是一种孤立的人文现象存在，必然融会并贯穿于地域性文化生态系统背景长河之中。作为京西人文历史叙事场景，京西古道是地理的、历史的、文化的。它与史前文明、山水生态、农耕畜牧、民俗村落、宗教信仰、煤业开采、烧造技艺、长城军事、红色革命，以及民族融合、文化碰撞、地区治理、城市供给等诸多生产生活要素及社会发展进步紧密相连，各种形态文化相容共济，相互作用，共同构成一个多姿多彩的西山永定河历史文化生态体系。作为顶级文化资源，京西古道网状分布、关联特性、触类旁通、价值饱满。也正是这样一个生态体系，京西古道文化蕴含才会更丰富，价值体系才会更完整，时代价值才会更具张力。

所以，京西古道文化是一个生态概念，认识并解读京西古道，必须站在地区人文历史生态系统的角度去思考把握。同时，京西古道文化更是一个发展的概念，要站在时代高度，把京西古道文化概念进行延展，即挖掘古道时代价值，打造新的文化生态，实现京西古道文化创新发展。

# 特色属性

——线路性。京西古道40余条段，近700公里网状道路体系，典型线性文化线路遗产资源。

——体验性。人文视觉，文化审美。时空感、历史感、生命感体验强烈，视觉震撼。

——稀缺性。文物级人文遗存，地域性、不可再生性特征明显。

——关联性。京西古道与地区各种形态资源同属一个文化生态系统，共同构成同一资源价值体系。

——大众性。群众基础广泛，社会认知度高，大众参与性强。

——开放性。线性文化遗产，社会公共资源，开放性资源形态特征。

# 时代价值

　　了解把握历史意义，蒸馏萃取文化精髓，创意创新时代价值。

　　文化是一个地区最大不动产。作为一种特殊人文资源形态存在，京西古道是西山永定河文化重要历史承载与组成部分，其内涵丰富、价值饱满、意义深远，为京西地区一张金色的文化名片。

　　文化价值。以人文视角透视审视京西古道现象存在，去探寻历史意义，进入人文深邃，萃取文化精华，塑造时代品质，实现社会价值。京西古道作为文化线路，其系统整体、遗产点位、依托生态、非物质文化遗产周边等等，文化价值构成层次丰富，多维呈现。挖掘古道文化资源，创新发现时代价值，打造文化IP形象，构建良好文化产业生态，强化产品形态创新意识。通过文化自知、自觉、自信、自强，实现京西古道社会综合价值有效释放。

　　价值实践。文化的价值意义，在于通过软化活化，实现更多载体赋予、更多形态展现，在回归生活本身的同时，发挥精神作用，释放社会价值。京西古道编织地区人文历史广阔空间，反映地区历史文化生态面貌，其文化蕴含丰富，多维价值取向。

　　文化具有可塑性特征，针对当今不断变化发展的文化市场，把握文化核心价值蕴含，契合时代社会主流价值取向，通过资源形态软化活化，重新塑造时代价值，是京西古道文化价值持续保鲜的一项长期工作。人文遗产与自然生态有效结合，文化资源与自然资源融会贯通，形成整体文化意义，使之成为一条生态效益和社会效益兼具的绿色通道。

　　京西古道是一个多维文化资源形态集合。利用其线性文化遗产关联特性，整合调动地区资源散点，打通文旅体验微循环系统，通过产业生态打造，产品形态创新，构建京西古道文化体验生态系统，最终实现京西古道文化价值落地，以及绿色发展战略目标。

文化创新发展。文化是个发展的概念，需要不断创新。文化具有时代属性，同样一种文化存在，不同时代会有不同价值取向，不同价值塑造。同时，文化还是一种群体性行为价值认同，不同社会空间，会有不同价值感受。

京西古道文化需在利用中传承、创新中发展。利用文化可塑性特征，不断发现、把握、塑造时代价值，是京西古道文化资源的真正意义所在。发挥文化创新引领，开展文化创意实践，来服务时代发展，满足社会需求，更好实现京西古道文化价值持续。

京西古道　西山秘径

一段柔肠、一曲壮歌、一缕炊烟、一场信仰！

## 古道边关，山水人家，商旅茫茫，代马依风——
# 京西古道文化线路

西山大路 / 玉河古道 / 卢潭古道 / 庞潭古道 / 麻潭古道
十里八桥古道 / 大寒岭古道
军沿古道 / 石羊沟古道 / 西奚古道 / 天津关古道
清水河古道 / 燕家台古道 / 百花山香道
芹淤古道 / 大村古道 / 青沿古道
妙峰山香道 / 九龙山香道 / 永定河廊道

京西古道形成年代久远，历史积淀厚重，文化蕴含丰富。它是京西地区古代文明的重要标志与历史见证，是西山永定河历史文化重要载体与组成部分，是镶嵌在北京大西山永定河上的一块文化瑰宝。

京西古道为一条能源通道、贸易通道、交往通道、文化通道。其概念主干，自京城一路向西，经模式口、三家店、麻峪、庞村、卢沟桥等平原地区，进入北京西山。它以西山大路、玉河古道、卢潭古道等主要支线，南北中三个方向交会于王平口关城。后沿过山总路西行，经十里八桥、大寒岭关城进入西山腹地。再经清水河路、燕家台古道、军沿古道、石羊沟古道、青沿古道、大村古道等不同方向，进入河北界。继续一路向西，通达内蒙古、山西。

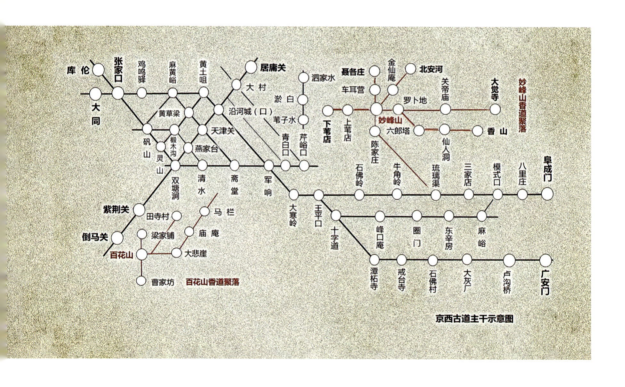

京西古道主干示意图

京西古道为网状道路体系，大小支线40余条段，纵横交错近700公里，分布于北京西山、永定河中上游流域广大地区。这里山水人文，生态涵养，古道、古村、农耕、民俗、宗教、煤业、烧造、长城、红色，以及地质、生态、史前文化等，共同构成一个地域性原生文化生态体系。

　　京西古道历史承载，人文涵构，文化信息丰富多彩。作为文化线路，京西古道以军事防御、商贸物流、宗教活动、民族交往、文化交流、城市供给为主要功能指向，具体条段亦军亦商，商香两用。石羊沟、龙门涧、清水河、永定河，远古人类天然通道，留下大量史前文化讯息；天津关、大寒岭、西奚故道、沿河古城，这里边关要塞，烽烟洗礼，军事文化生动鲜明；西山大路、玉河古道、王平口关城、十里八桥，这里商旅茫茫，悠悠岁月，酒肆客栈，古道西风，一幅生动的人文历史画卷；妙峰山、百花山、九龙山、潭柘寺等香道聚落善男信女，一路虔诚，信俗文化千年传承……远古走来，一路铿锵，京西古道不因特定历史事件而出现，却以古老悠久、遗存丰富、文化多元、烟火气息而著称。

　　京西古道，是京西门头沟区一个著名文化标签。其历史意义明确，文化蕴含丰富，时代价值彰显。古道边关，山水人家，商旅茫茫，代马依风。让我们一同走进，去感受一场来自京西古道上的人文魅力。

# 西山大路

　　西山大路古道，京西古道网络体系主干线路，地处永定河右岸，为京城通往西山腹地、外联河北山西一条重要通道。清同治十一年（1872）《重修西山大路碑记》，称其"西山大路"。

　　西山大路古道为京西地区一条重要商旅大道。其形成年代久远，历经朝代众多，使用时间漫长，对京西地区经济民生、物流商贸、民间交往、文化交流、社会治理、军事战略纵深等，曾经发挥巨大历史作用。

　　作为京西古道交通主干，西山大路更是京城通往塞外一条官山大道，具有很高历史地位与价值意义。漫漫历史长河，太多朝代更迭，西山大路默默承载，任重道远。它为城市输送养分，为民生提供保障，为京城能源供给。作为一条城市血脉，它对北京城的建设与发展历史贡献巨大。

西山大路古道沉稳持重，角色充分，坚韧不拔，历史担当。如今，它更像是一位慈祥老者，从历史走来，一路风尘，却满身荣耀。于是，古村、古寺、古渡、商埠、关城、蹄窝、皇家琉璃、名人故居、非物质文化遗产等，人文感受强烈，文化视觉震撼。

西山大路古道人文遗存丰富多彩，文化生态构成饱满，为京西古道最具代表性文化遗产线路之一。

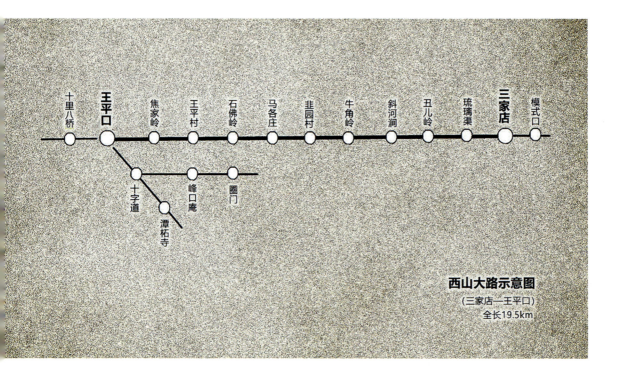

西山大路示意图
（三家店—王平口）
全长19.5km

西山大路古道东起京西三家店村，过永定河一路向西，经琉璃渠、丑儿岭、斜河涧、水峪嘴、牛角岭、桥耳涧、韭园村、东马各庄、石古岩、石佛岭、色树坟、王平村、吕家坡、焦家岭至王平口关城。古道全长19.5公里。

人文景观：三家店文化街区、皇家琉璃文化印记、广化寺遗址、第四纪冰川漂砾、牛角岭关城、古道蹄窝、生态韭园、马致远纪念馆、东马三孔古桥、石佛岭挂壁古道、大魏武定三年刻石、王平口关城遗址等。

非物质文化遗产：京西太平鼓、琉璃烧造技艺、五虎少林会、祭河神等。

## 京西商埠三家店

　　故人西辞，驼队东逝，冷落千年时空。落寞处，寻山西会馆，前朝旧物，已是人去屋空；问天利煤栈，生意何处，一担走丢的风景。道桥老会散去，无人龙王道场，奈何繁花六月，谁人掸尘执香……

　　三家店，古代繁华渡口，西山大路要津。曾经戾陵堰、车箱渠等水利工程，建于曹魏，历史久远。明清时期，这里商贾云集，店铺林立，五行八作，往来人众，为京西著名商埠。而今，中国传统村落，文化保护街区，有观音庵、铁锚寺、关帝庙、龙王庙等保存完好，民俗人文，于沉寂处诉说昨天故事。

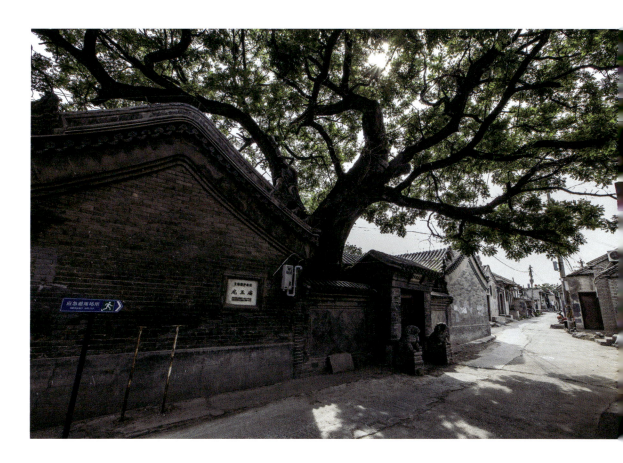

三家店，位于永定河出山口，地理位置显著，自然环境优越，为西山大路起点，有"京西古道第一村"之称。三家店辽代既已成村，且因店铺得名，至今千年历史。及至明清，伴随京西交通发展、水利兴建、煤业开发，三家店村繁盛一时，成为京西商贸物流集散中心。清末民初，这里商号、煤厂、店铺已达200余家，长街三华里，情状直至新中国成立。

　　古老渡口，交通枢纽，物流集散，车水马龙。三家店集地理、历史、军事、经济、宗教、交通等多元文化于一身，物质与非物质文化遗产资源丰富，为中国传统村落，北京市文化保护街区。

　　文物古迹：关帝庙（铁锚寺）、二郎庙、三官庙、龙王庙、马王庙、虫王庙、树王庙、白衣观音庵、天利煤厂、山西会馆、清怀恪公主墓、神机营、火药局、文物院等。

　　国家级非物质文化遗产名录项目：京西太平鼓。

## 三家店龙王庙

三家店龙王庙，创建于明崇祯十四年（1641），称龙兴庵，时为隆恩寺下院，清乾隆五十一年（1786）重修，始称龙王庙，为区级文物保护单位。庙宇坐东朝西，三合院形制，门楼镶嵌琉璃额"古刹龙王庙"。庙内廊下有顺治、乾隆、光绪年间石碑三通，记载历史沿革及重修过往。庙内正殿，有四海龙王及永定河神塑像五尊，为清乾隆年间塑造，也是永定河流域唯一现存河神像。大殿内侧两壁，彩绘龙王行雨图，长4米，高2米，画工细腻，气势磅礴。

历史上曾有四位皇帝诏封永定河爵位：分别为大定十九年（1179）金世宗封永定河"安平侯"、至元十六年（1279）元世祖加封永定河"显应洪济公"、清康熙三十七年（1698）赐河名为永定并敕封"河神"、乾隆十六年（1729）加封永定河为"安流广惠永定河神"。

## 龙王庙庙会

农历六月十三，为龙王爷生日。旧时，三家店龙王庙每每举办盛大祭祀活动。作为京西地区一项重大民俗活动，四面八方百姓民众会聚于此，摆供燃香，叩拜龙王，祈盼一年风调雨顺，五谷丰硕。仪式结束，随将猪羊祭品抛入河中，以示虔诚。

三家店龙王庙会，是京西地区一项重要的民间信俗文化活动。庙会始于清初，雍正、光绪年间香火为最。近年，三家店龙王庙会逐渐恢复，重新成为京西民俗文化内容之一。

## 白衣观音庵

三家店白衣观音庵，为唐代所创，历代多有重修，区级文保单位。此庵坐东朝西，佛教建筑，供奉白衣观音菩萨。白衣观音，观世音菩萨三十三身之一，白衣白巾赤足，恬静典雅，形象亲民，为民间所常见。

庵内现存石碑两方，其一为《京都顺天府宛平县玉河乡三家店白衣观音庵重修碑记》，清咸丰二年（1852）立，为研究京西商业、煤窑业重要文物。其二为《重修西山大路碑记》，同治十一年（1872）立，记载西山古代交通重要史实。"西山大路"由此得名。

## 天利煤厂

三家店天利煤厂，清代文物遗存，北京市级重点文物保护单位。

煤厂位于三家店中街，为山东青州殷姓家族创建于清道光年间，清同治、光绪年间达到鼎盛。其占地面积3500平方米，院落3组，有房72间，大门14座。煤厂主人为三家店望族，昌盛十数代，代表人物殷海洋曾于1924年任北平市总商会会长，不仅经营煤厂，京西地区还有煤矿数家。

曾经，天利煤厂是西山煤炭运往京城最大中转站；如今，却是研究京西煤业历史的宝贵实物资料。

## 京西太平鼓

　　京西太平鼓，盛世舞太平。作为一种民间自娱自乐舞蹈表演形式，太平鼓在京西地区具有很深的历史渊源和广泛的群众基础，于当地民间民俗活动中发挥重要作用。2006年5月20日，京西太平鼓成功入选国家级非物质文化遗产名录。

　　据传，太平鼓起源唐代，最早文字记录出现在明代。京西太平鼓表演形式以"边打边舞"为主，舞者通过鼓点节奏变化，做出不同舞蹈动作，表达不同思想情绪，形成不同风格特色，视觉听觉和谐统一。

　　近年来，京西太平鼓表演发展创新，舞台活跃，多次走进国家重大活动现场，受到社会各界广泛好评，并且一度走出国门，向世界展现中国传统文化魅力。

九曲浑河，西山故道，蒲柳人家。过街楼、三官阁、城隍庙、老君堂……万缘同善茶棚，妙峰香客，踏破多少虔诚；三朝皇商宅院，琉璃赵氏，快马当年圣旨。琉璃渠，火光中的技艺，古道上的传奇，悠悠700载不灭薪火，冠盖皇顶，誉溢京城。

　　从此大路西山，望断悲情岁月。丑儿岭，一处隘口，几声驮铃，曾经三五农家；椒园寺，千年古刹，龙虎二柏，谁人银杏树下。

# 金碧辉煌琉璃渠

　　琉璃渠，砺山带河，人文史话，历经辽、金、元、明、清五朝之千年古村。村庄位于永定河出山口，与古村三家店隔河相望，是京西古道之西山大路、妙峰山古香道南道必经之地，地理位置得天独厚。

　　琉璃渠是中国皇家琉璃生产基地，自元代起，窑火700余年传承不衰，素有"琉璃之乡"的美誉。其琉璃制品历来为明、清两代皇宫、陵寝、寺院、王室所专用。琉璃渠皇家琉璃文化内涵丰富，多彩绚丽，涵盖建筑、雕塑、礼法、美学、历史、宗教、民俗、人文等众多元素内容。也因其制品曾被用于人民大会堂、毛主席纪念堂、历史博物馆、钓鱼台国宾馆等国家级重要建筑场所而声名远播。

　　2006年，琉璃渠被评为"中国历史文化名村"。

　　文物古迹：过街楼（三官阁）、关帝庙、马王庙、龙王庙、皇商宅院、万缘同善茶棚、妙峰山正路碑刻、明清宅院、丑儿岭、椒园寺遗址等。

　　国家级非物质文化遗产名录项目：琉璃烧造技艺。

## 三官阁过街楼

　　琉璃渠过街楼，北京地区唯一琉璃过街楼，清代文物遗存，市级文物保护单位。楼阁之内，曾经供奉四位"帝君"，分别为：上元天官赐福紫微大帝、中元地官赦罪清虚大帝、下元水官解厄洞阴大帝及辅文开化文昌司禄宏仁帝君。城台嵌琉璃匾额，东曰"带河"，西曰"砺山"。两侧青石刻字，为"众善奉行"与"诸恶莫作"。旧时元宵佳节，楼上必张灯结彩，故亦有"灯阁"之称。

　　三官阁过街楼华彩端庄，风格独特，具有较高历史、科研及艺术价值，为琉璃渠村地标性建筑。

## 皇商宅院

　　琉璃渠商宅院，清工部琉璃窑厂办事公所，清代文物遗存，北京市级文物保护单位。商宅院坐北朝南，二进四合，回廊相连，园林式建筑，占地面积1166.7平方米，为清廷工部御用琉璃督造府宅。

　　明清时期，琉璃赵氏，本地望族，烧造技艺出类拔萃，配方工艺世代家传。清同治年间，十六代传人赵春宜主持窑厂事务，官至五品，是为皇商，遂修此院。

　　展示历史，传承优秀，着眼未来。现为皇家琉璃文化展览馆。

## 金隅琉璃文化创意产业园

　　金隅琉璃文化创意产业园，前身为始建于元中统四年（1263），历经元、明、清三朝之琉璃官窑，历史悠久，距今760年历史。官式琉璃烧造技艺为国家级非物质文化遗产保护项目，是中国古代建筑史上宝贵的文化遗产和精神财富。

　　园区以琉璃文化传承为核心，落地故宫博物院相关文化资源，设立琉璃保护与研究中心、琉璃文化交流中心，打造沉浸式琉璃历史文化展，是集非遗文化国际交流与会议展览、非遗研学、特色餐饮、文化民宿、文创办公、沉浸式体验等为一体的综合性文化产业园区。

## 万缘同善茶棚

　　妙峰山香道规模最大的茶棚，清乾隆年间琉璃赵氏窑商肇建，保存至今，为区级文物保护单位。茶棚殿院宽敞，建筑精良，内置"琉璃万缘同善茶棚鼎"，供奉（琉璃制）观音菩萨塑像。其所用琉璃构件与故宫用料相同，有在朝廷备案，也算近水楼台。

　　万缘同善茶棚是研究琉璃烧造业及妙峰山香会文化的重要实物资料。1999年4月14日，时任联合国秘书长安南夫人及德国驻华使馆人员专程到访。

# 龙虎二柏椒园寺遗址

遗址位于京西龙泉务村南。寺前龙虎二柏，岁愈千年，当属京西第一。右侧古柏形似苍龙，顶端曲枝龙角峥嵘；左侧树围3米有余，树瘤突兀巨大，犹威猛卧虎。

椒园寺又称姜牙寺，相传为纪念姜子牙而建造，后佛教盛行，此寺改拜菩萨、佛祖。民间有"先有姜牙五百，后有潭柘一千，然后才有北京城"之说，可见该寺创建年代久远。辽金时期，村中设有官办瓷窑，数业兴旺。椒园寺附近盛产煤炭，为烧制辽三彩主要原材料及燃料。民间推断，椒园寺当有两千年历史。

椒园寺现存碑石一块，虽字迹模糊，但仍可辨为明初宣德年间（1427）为该寺重修观音像而刻。碑文记载"主修观音圣象，圣寿福佑生灵"等。

一场时间坍塌，一场空间碎裂，一场关于250万年时空概念的降维打击！

# 白龙沟冰川漂砾

250万年地质奇观，第四纪冰川漂砾，一场大自然的行为艺术，位于京西斜河涧村。

白龙沟冰川漂砾于2007年8月被专家发现，曾经引起国内各大媒体广泛关注。其地质遗迹随处可见，排列紧密，为一条完整冰川沟谷。白龙沟最大冰川漂砾为一巨型石块，石质为火山砾岩，东西宽3.1米，南北长8米，高4米，岩石表面冰川擦痕清晰可见。

# 斜河涧广化寺遗址

"踏进苍凉都不见，谁人树下问曾经。"广化寺，位于京西斜河涧村，辽代佛教建筑，早年被毁，遗址尚存，唯三棵古银杏树伟岸高大，风雨千年，不忍见证古寺兴衰。

有传，这里一度曾为风雅之地，文人骚客，诗词曲赋。也传，清朝末年皇室成员宝廷每每小住，多有诗作，常题于壁，闲适之中孤芳自赏。

## 永远免夫交界碑

"永远免夫交界碑",现位于牛角岭关城东侧,清乾隆四十二年（1777）立,为康乾"盛世滋丁,永不加税"安民告示。大致内容:宛邑西山一带,石厚田薄,里下走窑度日,家中每叹糊口之艰,宛署官员体察民情,于雍正八年恩准,乾隆四十二年重申,王平、齐家、石港三司夫役尽行豁免。于是,黎民佩德,百姓衔恩。

关城以西,有"重修西山大路碑",记载同治十年举善修路,昭示朝廷恩泽惠泽。

九龙山下，永定河畔，小桥流水，古道人家。

## 生态涵养韭园村

家家山泉水，户户树荫凉。韭园村位于京西王平，这里山水人文、生态涵养、小桥流水、北国南风，为北京市最美乡村、北京京郊生态村、北京市乡村民俗旅游村、北京市美丽休闲乡村。

生态韭园新田园主义自助体验：新田园主义、新乡贤运动、慢生活促进、微度假旅游、乡村生活美学、生态价值实现。春天，韭园樱桃叼鲜大会；八月，京西古道京白梨赶秋（大会）。

　　文物古迹：古道、关城、碉楼（元）、鞑寨（元）、三义庙、汉代烽火台、马致远纪念馆、三孔古桥（东马）、龙王庙、温水峪寺（西马）。

汉代敌台、东魏石刻、元朝塞垒、明清关城；古桥、古庙、鞑寨、碉楼……千百年烟云古道，代马依风。

　　石佛岭古道，挂在绝崖上的一段愁肠。其壁立千仞，摩崖众善，蹄窝深深，河水滔滔。北望，大魏武定王平古城，交通咽喉，军事要塞，曾经柔然铁骑，莫奚弓弩，边城烽火三月。也曾西山大路，商旅迢迢，不老星辰日月，谁人踏碎。南向，则枯藤老树几许，小桥流水，古道人家，仿佛一曲《秋思》在耳，绝唱寒天，多少前朝意境。

# 悬空古道石佛岭

　　石佛岭，明代军事隘口，因路侧崖壁碑额三尊石佛而得名。古道上悬青天，下探浑河（永定河），"石门"锁喉，峭壁左右，故有"悬空古道"及"挂壁古道"之称。明万历六年（1578），明安禅师领修古道，功德摩崖于壁，连体四方。曾经为"般若堂"所在，现已无存。

## 古道客栈石古岩

　　石佛岭古道位于京西王平石古岩村。石古岩为中国传统村落，依山傍水，历史人文。旧时，石古岩村为商旅行人歇脚打尖之地，酒肆客栈，迎来送往，山村里的繁华。隔河相望，村东山上曾出土汉代箭镞、铜镞、长剑，以及夹砂红陶、绳文灰陶残片等物品，且汉代烽火台基尚存。其古代军事意义可见一斑。

## 马致远纪念馆

枯藤老树昏鸦，小桥流水人家，古道西风瘦马，夕阳西下，断肠人在天涯。

马致远（约1250—1321或1324），字千里，晚号东篱，元代大都（今北京）人，著名戏曲家、杂剧家、散曲家，与关汉卿、郑光祖、白朴并称"元曲四大家"。小令作品《天净沙·秋思》被誉为秋思之祖。

小桥流水，古道西风。马致远纪念馆位于京西韭园西落坡村。

## 大魏武定王平古城

　　王平村，永定河畔，西山大路，交通枢纽，军事要冲。曾几何时，这里骡马行人、商铺林立、五行八作、一派繁华，为京西山区少有古商业街之一。这里曾出土"大魏武定三年刻石"，记载东魏王朝抵御柔然、库莫奚之筑城史。村东，有清镇国公星海墓，早年被盗，现仅存松柏。村南为安家滩村，旧时为京郊著名砂锅产地，有"砂锅造饭斗量柴（煤）"之古语，其故事该与大明皇帝朱棣有关。

大魏武定三年刻石，北京地区发现年代最早石刻。刻石共有49字，内容为东魏平远将军元勒征夫筑城记录，对研究当地历史、当时官职、历史人物均有重要参考价值。图为复制品。

## 当代工业遗存

　　王平村煤矿旧址，当代工业遗存，北京历史建筑。王平村矿曾经为"京西八大矿"之一，建于1958年，年产近百万吨，如今也已走进历史。现为京西"一线四矿"文旅康养休闲度假区项目重要点位之一。

京西古道 *西山秘径*

# 玉河古道

玉河古道，京西古道网络体系主干线路。其内连京城，外接西山，通达河北，为京西地区著名商旅古道之一。玉河古道唐末时期已经存在。唐哀帝天佑三年（906），卢龙节度使刘仁恭割据一方，置玉河县，其为境内交通主干，故称玉河大道。

玉河古道为西山腹地一条重要的对外通道，辐射北岭、大台、煤窝及斋堂部分地区，对当地经济民生、民间交往曾经发挥重要作用。自辽金始，玉河古道日渐繁忙，交通物流较快发展。明代迁都北京，煤炭需求增长，大批官办、民办煤矿落地西山，数以百计，玉河古道逐渐成为京西一条煤炭外运的重要通道。及至民国，天桥浮、官厅一带地区商贾云集，往来驼队，店铺林立，商街十里。祭窑神、走庙会、唱大戏等民间民俗活动一应俱全，景象繁荣。这里一度成为当地政治、经济、文化中心。

玉河古道终究走出属于自己的一段辉煌。它是特定历史条件下的使命担当，是京西煤业发展的历史见证。它对不同历史时期北京城市建设、能源供给、社会民生作用积极，贡献巨大。

一切走进历史，多少繁华不再，却难掩旧日辉煌。作为京西古道重要文化线路之一，玉河古道历史悠久，遗存丰厚，人文视觉，文化鼓舞。窑神庙、大戏台、过街楼等，煤业文化印记深刻，历史承载。峰口庵古道一线，岁月铿锵，蹄窝阵阵，令人惊心触目。

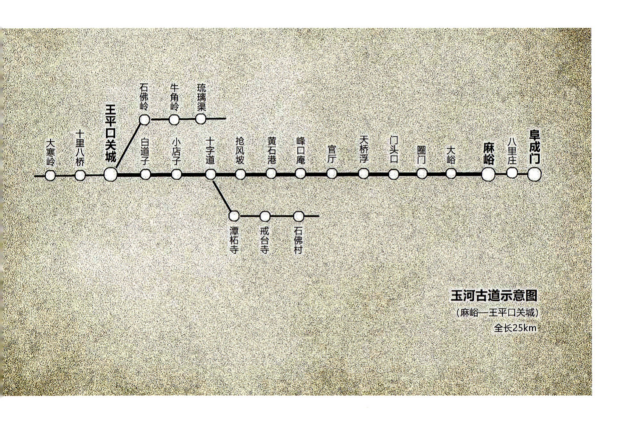

**玉河古道示意图**
（麻峪—王平口关城）
全长25km

玉河古道东起石景山麻峪，向西途经大峪、圈门、门头口、天桥浮、官厅、峰口庵、黄石港、抢风坡、十字道、小店子、白道子至王平口关城。全长25公里。

人文景观：大戏楼、过街楼、窑神庙、古桥、天梯、关城遗址、古道蹄窝，十字道（废墟美学）。

非物质文化遗产：九龙山庙会、祭窑神等。

门头沟的故事从这里开始——

# 门头沟之"源"：圈门过街楼

圈门过街楼，明代建筑遗存，区级文物保护单位。

过街楼坐西朝东，与戏楼相对，为玉河古道出山之要。四个券洞分门别类，各行其道，其规模之大，京西地区实为罕见。楼台之上，供奉文昌、关圣帝君及药王，充分体现当地信俗文化特色。

过街楼为门头沟之"门"，也可谓门头沟之"源"，京西门头沟区文化标志性建筑之一。

## 歌舞升平大戏楼

　　圈门大戏楼，明代建筑遗存，区级文物保护单位。戏楼坐东朝西，古朴典雅，为旧时京西煤业祭祀窑神、唱地方大戏之用。有道光十年（1830）"歌舞升平"匾额悬于额梁，大平正方，是为戏楼一宝。

　　圈门戏楼为京西地区最大、建筑最精、保存最好的一座，为门头沟区文化标志性建筑之一。

# 京西煤业窑神庙

　　窑神庙，民间宗教建筑，始建年代不详，清嘉庆、光绪年间均有重修，保存较好。

　　窑神庙坐北朝南，山门石额镌刻"古刹窑神庙"，所供窑神为京西地区级别最高。旧历腊月十七，为祭祀正日，业者不免兴师动众，大造声势，以此祈求一年平安。这里曾为宛平县丞公署、煤业商会、门头沟军管会、京西矿区政府所在地。

　　圈门窑神庙创建历史较早，北京地区乃至全国规模最大，区级文物保护单位。

　　近现代工业遗存：门头沟煤矿，前身通兴煤矿，于19 世纪末创办，为京西第一家近代煤矿。煤矿具有官办背景，后陆续引进美国、英国资本与技术，改名门头沟煤矿。新中国成立后收归国有，隶属于京西矿务局，为京西最大煤矿。新世纪初，门头沟地区经济转型，煤矿关停，一切走进历史。

玉河古桥：玉河古道宽街古桥（梁桥）

## 过往的繁华天桥浮

天桥浮，一段过往的繁华，古道上的盛况。明、清及民国时期，这里及以西地区大小煤窑数百座，商号店铺数十家，商旅驼队不舍昼夜。桥上，有三义庙遗址，明前创建，清嘉庆、道光年间曾有大修。南北两侧，有明碉暗堡，为战争遗存，国民党军队所修。村中有马翰林宅院遗址，其为官清廉，乐善好施，当地人称"马善人"。

1948年1月13日，解放战争"天桥浮战斗"曾在这里打响。

古道奇观，千年旧梦，时空不老。你是一段行走的光阴，你是一桩不朽的记忆，岁月永恒，历史铿锵，你是生命的参照与鼓舞——

# 峰口庵关城

　　峰口庵，又名峰口鞍，因其南北两峰夹持，形似马鞍，故而得名。峰口庵关城为清代文物遗存，建造年代不详，区级文物保护单位。现关城尚存，两侧洞开，路通东西。观音庵不堪岁月，形状尽失，仅存无头石佛一个，碑刻四方，落荒于野。

　　关城西南200米处，有山石路段，蹄窝密集，数量158个，深者半尺有余，为京西玉河古道之大观。

# 古道奇观峰口庵

　　京西第一要隘，古道上的繁忙。曾几何时，这里商旅无歇，驼铃声脆，该是怎样一种盛况？如今却关城失色，庙废佛残，仆碑四下，无寻荒路茫茫。好在一处蹄窝密集，惊心触目，蔚为壮观，似丰碑，于无声处感天动地，绝唱千古！

　　时空的脚步，行走的光阴。峰口庵关城蹄窝，京西古道人文精神之形象代言。

时光斑驳，岁月风化，废墟美学——

# 走丢的村庄十字道

十字道，玉河古道与潭王古道交会于此，为京西古道重要节点。这里曾经黑白两道（煤炭、叶蜡石），东来西往，商旅茫茫，日伪时期于此设立大编乡。另有大明选陵之说，无以考证。

十字道明代成村，现已举村搬迁，村庄废弃，成为一座被时间瓦解的现实。于是，村庄失忆，故事老化，岁月不知去向……

交通咽喉，战略纵深，关廨衙署。王平口，一桩老去的记忆——

# 过山总路王平口

王平口，西山大路、玉河古道等诸条线路交会于此，史称"过山总路"，为京西古道网络体系重要节点及交通枢纽。

王平口历史地位很高，史书多有记载。金代章宗皇帝"常游之"，宿"百花石床"。元代设口，驻军，建巡检司，下辖三十余村。村中现有明嘉靖二十年（1563）所建圣寿庵遗址，存清道光《重建圣寿庵碑》《奉上宪严禁大有煤窑碑》及光绪《重修圣寿庵碑》等。

王平口关城位于村西200米，为明景泰年间所建，现仅存两侧残墙，以及清咸丰六年（1856）立《王平口关城重修碑》一块。关城南北有明前长城数百米，烽火台基尚存。旧时，王平口关城兼有军、政、民各务，故设关廨衙署。

# 卢潭古道

卢潭古道，是以潭柘寺、戒台寺等宗教场所为中心，所形成的潭戒香道体系中，最具代表性进香古道线路之一。古道东起卢沟桥，西至潭柘寺，历来为京城百姓进香礼佛道路首选。

卢潭古道初为民间进香古道，后逐渐成为历代君王巡幸、国戚出游，以及进香礼佛之路，因此可称古御道。作为京西潭柘寺一条重要的进香古道，卢潭古道形成发展，大概与金中都（莲花池）地理位置不无关系。时至清代，卢潭古道辟为"京易御道"（清西陵）支线，深受清廷重视，并于乾隆年间整修，将道路拓宽展平，以通车辇。史料有载：康熙礼佛巡幸（1686）、乾隆进香初游（1742），二位皇帝均取此道。

民国时期，戒台寺达文和尚向曹汝霖等高官募捐，用"以工代赈"等方式组织人力大修此道。

作为民间宗教活动重要场所，潭、戒两寺知名度高，信众广泛，历史上形成东、西、南、北进香古道数条。卢潭古道形成年代久远，历史地位突出，作用发挥明显。摩崖造像、佛教戒坛、皇家寺院、香道御道，其人文遗存丰富，文化蕴含深厚，为京西古道香道文化重要历史承载。

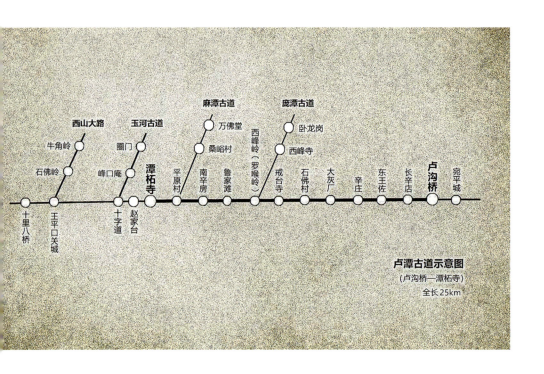

卢潭古道示意图
（卢沟桥—潭柘寺）
全长25km

卢潭古道以卢沟桥为起点，途经长辛店、东王佐、辛庄、大灰厂、石佛村、戒台寺、西峰岭（罗睺岭）、鲁家滩、南辛房、平原村等，终于潭柘寺。古道全长25公里。

人文景观：宛平城、卢沟晓月、摩崖造像群、石牌坊、戒台寺、进香御道、潭柘寺等。

# 燕京八景之卢沟晓月

卢沟桥，亦称芦沟桥，因横跨卢沟河（永定河）而得名。其桥身石体结构、造型美观，整个桥身关键部位均有银锭铁榫连接，为华北地区最长古代石桥。卢沟桥为"七七事变"发生地，中国军队于这里打响全面抗战第一枪。

卢沟桥始建于金大定二十九年（1189），总长约266米，有281根望柱，石狮501只。卢沟晓月，古代著名燕京八景之一。

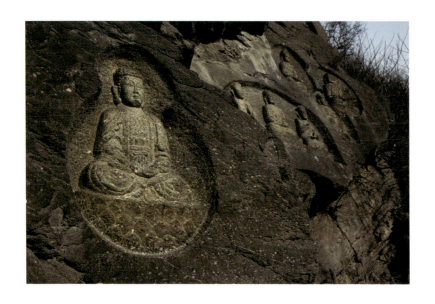

## 北京最大野外摩崖造像群

　　永庆庵遗址，位于京西石佛村，有北京地区最大、保存最好野外摩崖造像群，为十八龛二十尊，系明初崇佛者所为。其神秘之处在于，石佛隐于半山，不同角度方位，完全数对者甚少。其缘分使然？境界使然？不得而知，算是卢潭古道一处绝妙。

## 皇图永镇石牌坊

　　石牌坊，距戒台寺山门不足一里，大明万历六年（1578）始建，清光绪十八年（1892）重修。其坐西朝东，皇家气派，实为戒台寺门户所在。牌坊采用汉白玉石料錾雕，仿木结构，长方须弥座。坊心浮楷，正曰"永镇皇图"，背曰"祗园真境"。

# 庞潭古道

　　庞潭古道，潭柘寺古香道聚落重要条段之一。起点石景山庞村，终于潭柘寺，并可继续西延，至十字道，外与玉河古道、西山大路相连。古道历史悠久，东西走向，为商香两用道。

　　庞潭古道因寺而生，古老悠久，为京西平原地区中部，一条重要进香古道，也是卢潭古道拓宽之前，南部地区交通要道。古道地处平川浅山，宽展易行，历来为京城香客热衷路线。同时作为一条商旅古道，自元时起，运输沿线煤炭、石灰、石板、石料等。明、清及民国时期，这里山里山外，河东河西，物流商贸，民间交往，对地区生产生活、经济民生发挥重要历史作用。

潭柘寺，京西地区民间宗教活动重要场所，其功能发挥持久，社会影响广泛。作为一条文化线路，庞潭古道历史承载厚重，人文遗存丰富。古道古村、宗教寺庙、名人故居、民间民俗、传说故事等等，宗教氛围强烈，文化气息浓厚。

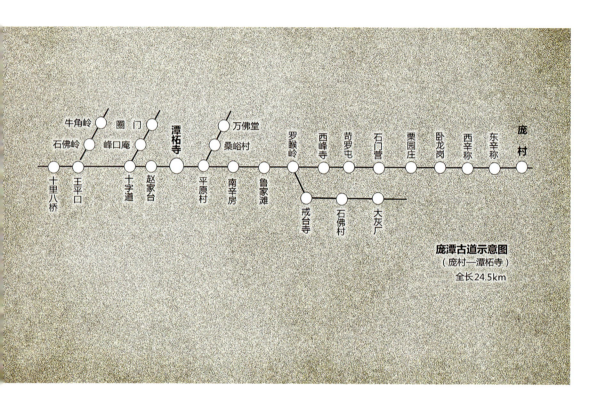

庞潭古道示意图
（庞村—潭柘寺）
全长24.5km

庞潭古道始于永定河东岸庞村渡口，经东西辛称、卧龙岗、栗园庄、石门营、苟罗屯、西峰寺、罗睺岭、鲁家滩、平原村等，终于潭柘寺。延伸线自南辛房，经草甸水、赵家台，至十字道。古道全长约25公里。

人文景观：卧龙岗古人类活动遗址、谭鑫培墓园、刘鸿瑞宅院、娼妓桥、西峰寺、潭柘寺、高桥寺遗址……

## 苛罗坨古桥

　　庞潭古道苛罗坨村，有一座明代石桥，民间称为"娟妓桥"，据传是由全国各地说书、唱戏、卖艺一类职业女性捐资兴建，故而得名。古桥为三孔石拱，南北走向，青石砌筑。桥基、桥涵、桥栏设计精巧，雕刻精美。石桥总长20.72米桥基，桥面有效宽度4.1米。

　　《宛署杂记》有载："戒坛是先年僧人奏建说法之处，自四月初八至十五止，天下游僧毕会，商贾辐辏，其旁有地名秋坡，倾国妓女竞往逐焉，俗云赶秋坡。"

　　旧时底层妇女身份低微，缺乏地位，少受尊重，进寺只可选择后门。过去山里溪水不断，女子鞋弓袜小多有不便，为方便上山，便众人集资捐建此桥，一来赎罪，二来积累功德，只盼早日脱离苦海。据传，男子夜卧此桥，多生异梦。不可信之。

　　该桥名称为民间俗称，实属不雅，因此，后人立碑简曰"古桥"。

## 刘鸿瑞宅院

　　刘鸿瑞宅院，位于京西石门营，为民国初期所建四合院建筑。宅院分为南北2处，共3座四合院落，呈"品"字形坐落分布，占地约十亩。区级文物保护单位。

　　刘氏宅院为京西一大建筑瑰宝，是集民俗文化及砖雕、石雕、木雕、壁画等为一体的一座艺术殿堂。宅院砖雕繁复精美，画面丰富生动，有太平有象、八仙祝寿、神话戏剧故事等祈福祥瑞等内容。门蹲两侧，为垂花如意大门，门心镂刻对联。刘宅三院有房20多间，院中有垂花门，青砖铺院，菱花雕塑窗棂，美轮美奂。

　　刘鸿瑞（1904—1950），石门营人，民国时期国大代表，北京名人。1929年毕业于中法大学法律系专修科，后创办石门营小学，任校长。曾任门头沟煤矿业同业公会理事长、北平警备司令部门头沟办事处设计专员等职务。据史料记载，当年蒋中正携夫人宋美龄去潭柘寺上香，曾经在宅院小憩。1948年底，刘鸿瑞作为北平工商界代表参加北平和平解放谈判。

# 戒台寺下院西峰寺

　　西峰寺，位于京西苟罗坨村，始建于唐，初名会聚寺，元称玉泉寺，明正统元年（1436）重修，英宗朱祁镇赐额"西峰寺"，名定。西峰寺属戒台寺下院，元前时期，为历朝僧众茶毗之所。寺院布局为钟鼓二楼、天王、如来、毗卢、塔院等。寺内清泉一泓，名胜泉池。寺周群山环绕，树木葱茏。有古银杏一株，树龄1800年，堪称北京之最。

　　清恭亲王奕䜣曾选址为陵，未能如愿，其次子载滢葬于地宫。寺院附近，有其孙大画师溥心畬所留题诗刻字七处之多，人称"北溥刻字"。有苟戒古道与戒台寺相连，原汁原味，风情尽显。

# 麻潭古道

　　麻潭古道，潭柘寺古香道聚落重要条段之一。起自麻峪村，终于潭柘寺，继续西行，可经南辛房至赵家台。古道地处京西平原地区北部，辐射石景山、海淀部分地区，为商香两用道，至今上千年历史。

　　麻潭古道既为进香古道，也是商旅大道，对沿线地区生产生活、商贸物流、宗教活动及民间交往等，曾经发挥重要历史作用。清末民初，京门公路、铁路陆续修通，麻潭古道逐渐成为京城香客首选路线。

时光流转，岁月悠悠。古道所经，古村古寺众多，处处历史遗迹，尤万佛堂以西路段，人文感受强烈。万佛寺、开山寿塔、万佛古桥、过街楼、红庙岭、广慧寺等等。更有两侧佛字刻石时隐时现，一路佛缘。如今，万佛堂以东古道无存，至红庙岭之间路段保存较好，青石铺就，其最大石块长约3米，宽1米余，为麻潭古道原生态样。

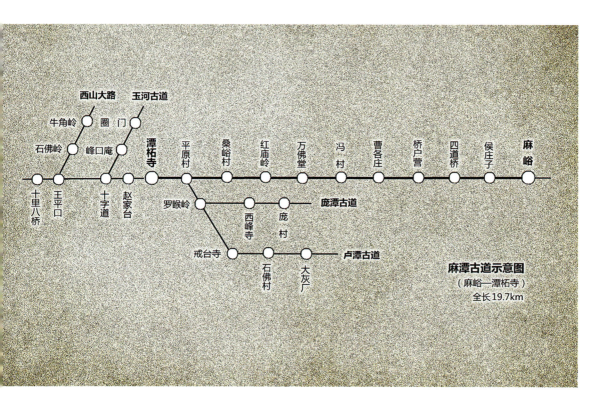

麻潭古道自永定河东岸麻峪村起，经侯庄子、四道桥、桥户营、曹各庄、冯村、万佛堂、红庙岭、桑峪村、平原村至潭柘寺，并可延伸至赵家台。全长19.7公里。

人文景观：万佛堂过街楼、开山寿塔、万佛寺遗址、寻"佛"刻石、定都峰、桑峪广慧寺、潭柘寺、赵家台古地道等。

# 古道寻"佛"万佛堂

万佛堂村，位于京西永定地区西部，因古刹万佛寺得名。万佛寺始建于辽，早年被毁，遗址尚存。万佛堂过街楼，明代文物遗存，建于万历四年（1576）。券洞上嵌石雕门额，曰"誓永不分爨"，为区级文物保护单位。

万佛堂至红庙岭古道保存完好，虽日久年深，却历久弥坚。绝妙之处在于，路侧隐藏众多"佛"字刻石，其时隐时现，全无定数，寻多寻少，全凭缘分，为麻潭古道香道文化一绝。

## 京西观景定都峰

　　定都峰，海拔680米，地处北京长安街西延线西段。定都阁，高34米，6层中式建筑，位于定都峰顶。这里登峰造极，高瞻远瞩，北京城可尽收眼底。

　　古有"燕王喜登定都峰，刘伯温一夜建北京"之说。今有"不到定都峰，枉到北京城"之叹，"京西观景第一峰"之美誉名副其实。

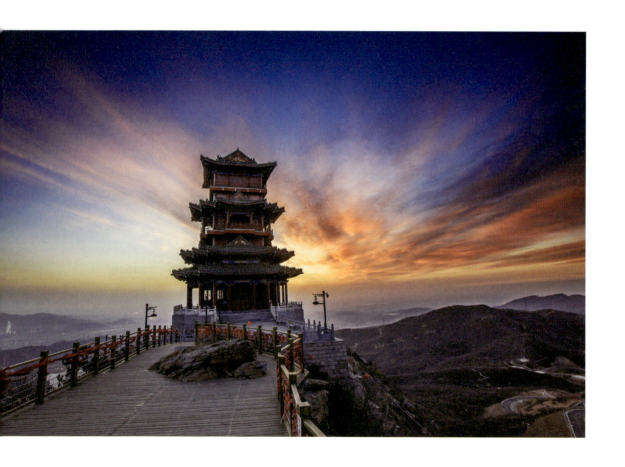

# 桑峪广慧寺

广慧寺，位于京西潭柘寺桑峪村东北一公里处，始建于明永乐年间，据明正德七年（1512）"敕赐重修广慧寺记"载，为明代高丽僧人赖赞所建。其坐北朝南，三面环山，正殿为文殊菩萨道场，东殿观音，西殿地藏。寺内银杏两株，左雌右雄，为明代所植，距今500余载。现为区级文物保护单位。

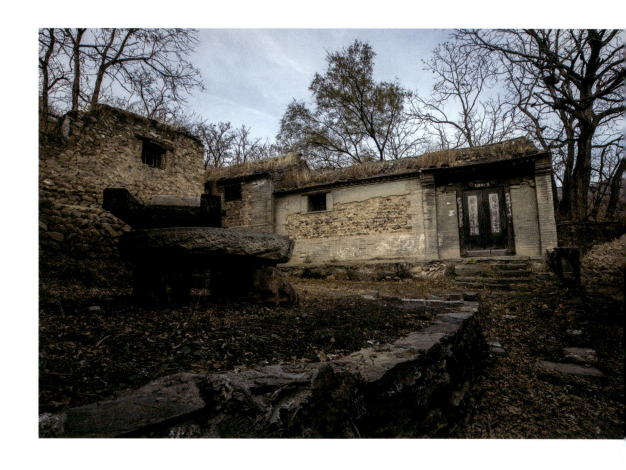

## 明清地道赵家台

　　赵家台村，位于京西潭柘寺西。村庄历史悠久，自然环境清幽，人文气息浓厚，古宅、古钟、石碾、碑刻等文物古迹众多。村中明万历三十年（1602）圆通庵石碑、崇祯元年（1628）朝阳庵铁钟，分别刻有"京都顺天府宛平县京西乡赵家台"及"京都顺天府宛平县赵家台村"字样，证其古老。

　　"地上老胡同蜿蜒曲折，地下古地道纵横交错。"赵家台村古地道为明清时期所修。其蜿蜒曲折，上下盘旋，贯通全村，为京西山区所罕见。曾因抗战时期日本兵未能攻入，故有"铁打的赵家台，纸糊的北京城"之说。赵家台为北京最美的乡村、北京市乡村民俗旅游村。

# 十里八桥古道

　　十里八桥古道，起点王平口，终于大寒岭，为京西古道网络体系咽喉要道。明《宛署杂记》载，王平口为"过山总路"。京西古道西山大路、玉河古道、潭王古道各路于此会合。出关城，一路西北，约十里，过八桥，古道因此得名。

　　十里八桥古道为京西地区一条重量级商旅大道，具有很高历史地位。王平口，京西古道交通枢纽；大寒岭，西山腹地必经之路。京西古道网络体系中，这里内连京城，外接河北，对两地商贸物流、民间交往及文化交流等，曾经发挥重要作用。古道沿线地区，村落形成较早，煤炭资源丰富，旧时商业较为发达。

中幡热举四百载，旱船十里过八桥。十里八桥古道历史悠久，遗存丰富，军事、交通、煤业及民俗文化厚重灿烂。其千军台、庄户古幡会古今传承，数百年历史，与古道、古桥、古乐、古村并称京西"五古"，共同构成一个生动饱满的地区文化生态体系。

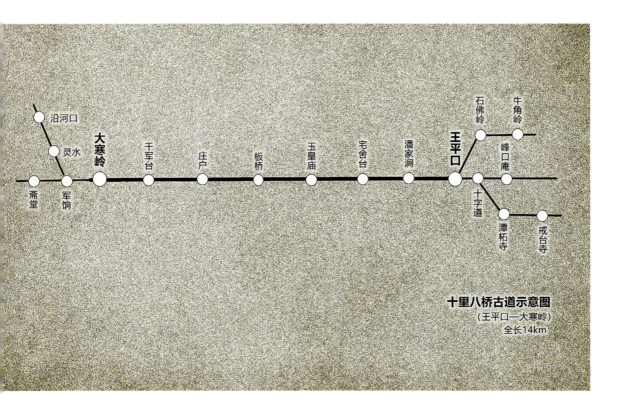

十里八桥古道示意图
（王平口—大寒岭）
全长14km

十里八桥古道自王平口村起，过关城，经潘家涧、宅舍台、玉皇庙、唐家地、金锁桥、东板桥村、福龙桥、西板桥村、磨石安、庄户村、千军台村、北台村、王老庙等，至大寒岭关城。全长14公里。

人文景观：王平口关城、玉皇庙、摩崖碑刻、煤业展览馆、金锁桥、福龙桥、老板桥村遗址、髽鬏山战役纪念碑、过街楼、龙泉庵、北台古宅、千军台传统村落、大寒岭关城。

非物质文化遗产：天人吉祥圣会、福龙山庙会、吉祥会、京西古幡乐等。

# 十里八桥

潘家涧至千军台十里古道，自东向西，依次为玉成桥、黑虎桥、金锁桥、福龙桥、鳌鱼桥、洛阳桥、庄户小桥、千军台老桥等八座古桥。

古桥因形取势、就地取材、传统工艺、各具特色，千百年迎来送往，历尽沧桑。如今，繁华不再，倩影难留，八桥中福龙、金锁等四桥保存尚可，其余四座或残损破败，风中诉说；或无影无踪，走进历史。

## 废墟美学老板桥

　　古道、古桥、古村、古乐、古风，演绎在京西古道上的一场废墟美学！老板桥村，1973年整体搬迁，村庄废弃，古韵犹存。京西古道穿村而过，福龙古桥连接东西。有三圣庙遗址，曾供观音、文殊、普贤菩萨。"西园翰墨"影壁墙及碑楼位于福龙桥头，碑楼之上，为天、地、水三官庙遗址。过街楼保存完好，上供关帝，与村槐相邻相伴。村东，有金锁古桥，横跨清水河两岸。村北，为北港沟，有杏林寺、灵隐寺、娘娘庙、龙王庙、菩萨殿等众多庙宇。每年四月初一，这里举办福龙山庙会，设"天人道场"。1937年8月18日，傍晚时分，村北后山打响"髽鬏山战役"第一枪。

　　非遗项目：京西幡乐（市级）、福龙山朝顶进香庙会、吉祥会。

# 传统古村千军台

千军台，明前成村，上千年历史。村西大寒岭，曾为汉朝与匈奴分界。因守边之需，长期屯兵于此，后逐渐演变成村，且取"千军万马"之意，得此村名。

旧时，千军台为京西重要交通要衢。古道穿村而过，往来客商频繁，村中大店小铺。这里自古咽喉要道，兵家必争之地，汉时起便有重兵把守，地区军事文化蕴含丰厚。

1937年秋月，国民党卫立煌部驰援南口，在千军台、庄户及板桥村一带，与日军展开"髫鬏山战役"（庄户会战），双方激战二十余日，场面惨烈。

千军台村为中国传统村落，文物古迹较多，民间文化遗产丰富。古道、古桥、古寺庙、古幡会等，成为当地重要历史文化载体。千军台、庄户古幡会为国家级非物质文化遗产名录项目。其历史悠久，数百年传承，为京西地区一张著名的文化名片。

一幅民俗风情画，舞动京西400年——

## 京西古幡会

　　千军台、庄户幡会为国家级非物质文化遗产名录项目，原名"天人吉祥圣会"，又称"京西古幡会"或"京西幡会"，为京西山区祈福纳祥，娱神娱人庙会形式，体现碧霞元君娘娘崇拜的民间村社祭祀活动。

　　"天人吉祥圣会"历史悠久，明末创立，御览皇封，银锤铁铜。每年正月十五、十六两天，当地村民家家参与，人人上阵，两村幡会互动展开。这里民间花会十余档，大小幡旗十八面，旌旗招展，锣鼓喧天，场面热烈，吸引四面八方民众前来观赏。

　　千军台、庄户古幡会，以颂神、祭神为主要内容。它是京西古道上行走了400余年的一项传统民间民俗文化活动，是北京地区、甚至全国也属罕见的大型民间花会形式。两村幡会队伍礼尚往来，仪式隆重。其场面轰轰烈烈，令人叹为观止。

京西古道  西山秘径

# 大寒岭古道

大寒岭古道，南起大寒岭关城，北至斋堂军响，为京西古道进出西山腹地重要通道。

大寒岭，古称大汉岭，为古代京西防御体系战略纵深，海拔1000米余，曾经汉朝与匈奴分界于此。这里大汉驻军、李唐守备、明代关城、清朝巡检。其历史事件众多，史书多有记载，实为京西古道网络体系重要节点。

西山咽喉，军事要地，烽火硝烟，商旅茫茫。大寒岭古道军事战略意义显著，内外经贸活动频繁，不同文化交流活跃。在各个历史时期，其军事防御、商贸物流、文化融合、民间交往等方面，都曾发挥重要作用，在京西古道体系中，具有很高历史地位。

大寒岭关城，明代建筑遗存，京西古道重要历史标志。周边为毗卢寺遗址，其庙废佛残，景象落寞。古道沿线地区，煤炭资源丰富，有古道人家"煤窝四村"，均以姓氏得名，更以产煤著称，为京西古道上的一道人文风景。

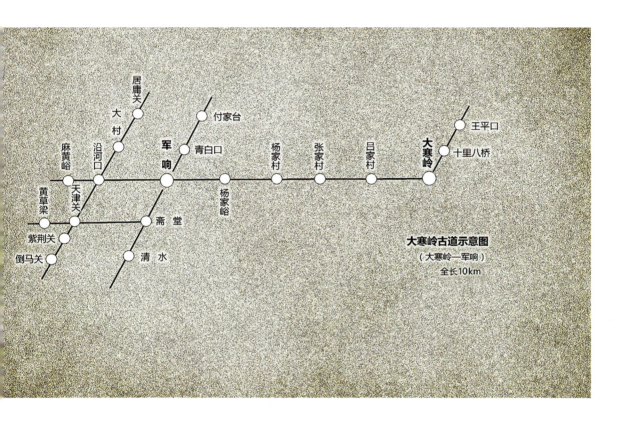

大寒岭古道，自大寒岭关城向北，经煤窝、七里沟等，北至斋堂军响，全长10公里。古道沿途有吕家村、张家村、杨家村、杨家峪（含梨树台）等，俗称"煤窝四村"。四村均以姓氏得名，更以产煤著称。

人文景观：大寒岭关城、毗卢寺、文昌阁遗址、杨家峪古村落等。

仆碑说旧事，古道断情肠。古井、茶棚、僧房、道场，谁人敲响毗卢寺钟声？有道是无情岁月，均是客，关城风冷，人走茶凉。

　　落照黄昏，松涛阵阵，暮岭苍茫。大寒岭，一道隘口，一座关城，曾经单于匈奴，耶律契丹，悠悠羌管；也曾卢龙节度，明清商贾，人在旅途。如今却驼铃声远，月朗星稀，寂寞残垣无主，空荡荡几响昏鸦。倒是三五中幡热举，风情画卷，舞动京西四百年。于是，花木禅房，风情庄户，千军台上，十里八桥……

## 大寒岭关城

大寒岭关城，明代建筑遗存，区级文物保护单位。大寒岭，京西古道咽喉，西山战略要冲，自汉唐至辽金时期，一直为汉族与匈奴、契丹等少数民族争锋之地。

大寒岭关城，为旧时王平口军事防区与巡检司范围四座关城最大一座。关城上建楼阁，供奉文昌帝君。关城东侧，有古松数株，为毗卢寺遗址。该寺始建于明，清康熙、乾隆年间均有重修，名观音菩萨庙。道光四年（1824）再修，改称大寒岭毗卢寺，主奉大日如来，添建文昌阁、窑神庙及关帝、马王、茶棚等。其规模宏大，碑石多方。

如今，庙废垣残，西风瑟瑟，衰草茫茫。松树下，野草中，唯石槽一个、古井一眼、《大寒岭毗卢寺添建文昌阁记》石碑一方可寻。关城以南，有王老庙遗址，为鬼谷子王婵老祖道场，建于明代。

# 军沿古道

　　军沿古道，地处北京西山腹地，清水河左岸地区，为京西古道网络体系重要条段。古道南起斋堂军响，与清水河路古道、大寒岭古道相连；北上沿河口，且与石羊沟、天津关等古道相通，是西山腹地通往塞外河北重要通道之一。

　　军沿古道为一条军商兼用道。这里人文历史久远，时空老旧，曾经出土11万年远古人类股骨化石，称为"前桑峪人"。军沿古道连接西山腹地，体现战略纵深，军事意义显著。同时作为一条商旅大道，沿线商业较为发达，其中灵水村"八大商号"最为体现，充分证明其历史意义及价值作用。

古道沿线文物古迹众多，文化蕴含丰富，地域特色鲜明。尤以桑峪、灵水二村底蕴深厚，光鲜灿烂。以龙泉禅寺（东汉）为代表的宗教寺庙文化、灵水村乡贤士大夫文化、桑峪村"三月三"民间民俗文化，以及秋粥节、转灯大会等等。这里诗书传家，乡贤济世，走出多位进士举人；这里多教合一，多元信仰，各种文化相融相济，生态饱满。

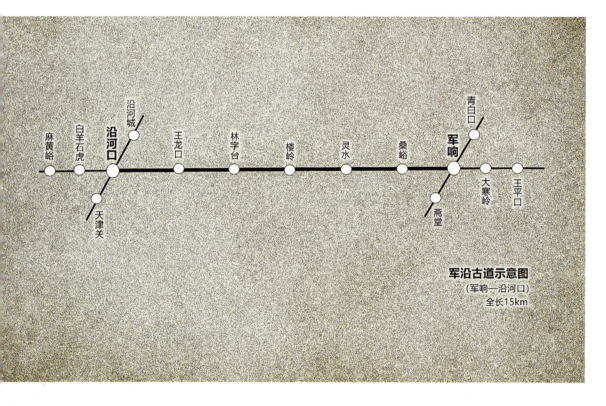

军沿古道起自清水河畔斋堂军响，西北行，经桑峪、灵水、楼岭、林字台、王龙口等村，终于沿河口村，为一条以商为主，军商兼用道。古道全长15公里。

人文景观：桑峪过街楼、天主教堂、圣母山、灵水村灵泉禅寺、文昌阁、魁星楼、天仙圣母庙、南海火龙王庙、举人宅院、栢抱桑榆等。

非遗项目：灵水秋粥文化节、三月三祭祖、九曲黄河转灯大会等。

桑田香馥、峪地泽生；里仁为美，於万斯年——

# 古村桑峪

　　桑峪村，原名"三峪村"，历史悠久，人文浓厚。曾有汉代广济寺、宋代团山禅林、明代鱼临寺等宗教建筑，世代相传。1993年，这里曾经出土11万年前人类股骨化石，为目前清水河流域发现最早古人类化石，表明旧石器时代人类活动已经出现。

　　桑峪村南有城子台古代军事遗址，相传为战国时期燕国士兵守戍城池，无以考证。三教寺（广济寺）建于东汉，遗址尚存，有古柏、古银杏各一株，古槐五铢，呈北斗七星之势。过街楼、天主教堂、圣母山等文物建筑保存完好。

## 过街楼

桑峪过街楼为清代建筑，民国二十二年（1933）重修。曾设有红孩儿、观世音菩萨塑像，相向背对，取意平安吉祥、避邪免灾、和睦相处。过街楼正面横幅"桑田香馥　峪地泽生"，门额阳刻"紫芝"，左右题字以道教训祜：为乐及时令得无极，去古怀远至道在斯。背面横幅"里仁为美　於万斯年"，门额"凝瑞"，左右两侧小字记叙，内容不详。东内护墙题有四字"亿则屡仲"，难解其意。

## 不老乡愁三月三

　　"三月三，祭祖先，全村同吃蚕丝面"，是流传于京西桑峪村的一项古老民间习俗。每逢农历三月初三，桑峪村人无论宗族，不分姓氏，男女老少聚在一起共同祭祖先，同吃蚕丝面。其场面庄重热烈，暖意融融，彰显一派和谐景象。活动首先祭祀人文始祖轩辕黄帝，然后祭祀蚕神娘娘嫘祖，再三祭祀张、杨两姓列祖列宗。仪式之后，两姓族人同吃一锅蚕丝面，共同祈愿家族人丁兴旺，枝叶繁盛。

　　"三月三"民俗活动充分体现不忘祖恩、敬畏自然的人文精神，共同传递团结、友善、和谐、包容、敬业、感恩之乡愁情怀。

莲花峰下，清水河畔，举人之乡，千年灵水。灵水村是中国历史文化名村，有上千年的历史。这里举人宅院、明清建筑、古树名目、儒释道俗；这里八德八景，气韵祥和，民俗人文，乡风不老；这里诗书传家，乡贤济世，魁星高照，举人辈出。

　　乡居莲花，乡贤灵水——中国历史文化名村，中国北方乡贤文化珍藏版！

# 举人之乡　千年灵水

灵水村，京西古道网络体系重要人文点位之一。这里三面环山，风光秀美，文物古迹众多，文化底蕴丰厚。这里有东汉时期北京地区最早佛教寺院灵泉禅寺遗址，以及文昌阁、魁星楼、南海火龙王庙、天仙圣母庙、白衣观音菩萨庙、玉皇庙、天王庙、三圣庙、山神庙、药王庙等大小庙宇17座之多。

古代出举人，近代出学子，现代出名人。灵水村是一座建在"龟背"上的村庄，一个善于出举人的地方。自明清科举制度盛行以来，村中曾走出刘懋恒、刘增广等众多举人，成为远近闻名的"举人村"。2005年11月，灵水村被建设部、国家文物局列为"中国历史文化名村"。

灵水八景：东岭石人、西山莲花、南堂北眺、北山翠柏、柏抱桑榆、灵泉银杏、举人宅院、寺庙遗址。

灵水八德：诗书济世、生财有道、君子不争、猪羊圈养、龙池三禁、核桃晚打、捐资赈灾、共喝秋粥。

南海火龙王庙

## 灵泉禅寺遗址

　　灵泉禅寺，位于京西灵水，佛教建筑，区级文物保护单位。其始建于汉，初名瑞灵寺，明代嘉靖十二年（1533）重修，随改今名。明《宛署杂记》有载"灵泉禅寺，在凌（灵）水村，起自汉，弘治年间（1488—1505）僧海员重修，庶吉士论记"，为文字记载北京地区最早佛教寺院。灵泉禅寺坐北朝南，规模宏大，早年被毁，遗址尚存。有山门、影壁、汉白玉质须弥碑座等物原处未动，于空旷中寂寞无主。寺内古槐一株，古银杏两株，其中一株银杏雌雄共体，自孕自产，世间罕见，与寺院遗址一道成为灵水一大景观。

## 灵水秋粥文化节

　　每年立秋这天，灵水村家家户户支起大锅共熬秋粥，全村百姓共喝秋粥，以此纪念举人刘应全、刘懋恒父子荒年赈灾济民善行义举，共同表达乡邻百姓感恩之情。如今，这项习俗活动已传承近300年，成为京西古道上的一道人文风景。

# 祈福纳祥转灯大会

　　灵水村祈福纳祥转灯大会，是京西斋堂地区一项传承数百年的重要民间习俗活动。明《帝京景物略·春场》记载："十一日至十六日（阴历），乡村人缚秫秸作棚，周悬杂灯，地广二亩，门径曲黠，藏三四里，入者误不得径，即久迷不出，曰黄河九曲灯。"

　　数百年来，每年元宵节期间，灵水村都会举行规模宏大的新年祈福转灯活动，吸引本村及附近村庄民众共同参与，其场面热烈，喜庆祥和，充分体现当地百姓朴素的内心情感，以及对美好生活的期盼与渴望。

　　灵水村祈福纳祥转灯大会，是以九曲黄河灯阵为载体，通过请神敬神、转灯祈福、民俗表演等娱神娱人、天人合一的民间信俗活动，预祝来年风调雨顺、五谷丰登。活动体现当地百姓生动豁达、乐观向上的人生态度，以及淳朴、感性的审美价值取向，是弘扬传统美德，维系朴素民风，保护传承非物质文化遗产的重要活动项目。

# 石羊沟古道

　　石羊沟古道，为京西古道一条重要出塞大道，因沟谷得名，军商兼用。石羊沟，因沿河城大断裂而形成，沟深谷长，路径平缓，自古为一条连接北京与河北张家口地区，以及内蒙古、山西重要通道之一。

　　石羊沟曾是一条远古人类活动天然通道，新石器时代古人类活动遗迹多有发现。白羊石虎村北，有古墓，曾出土汉代夹砂红陶残片。出村西行4里，有清雍正五年"宛平县与怀来县分界于此"摩崖于壁，称之"孤山石刻"。

　　作为商旅通道，石羊沟古道形成年代古老久远，历史作用发挥持久，直至新中国成立以后仍在使用；作为军事要道，历朝历代立关设卡，重兵把守，以防塞外游牧民族犯关内侵。如今，这里为著名户外越野打卡地，也是北京国际山地徒步大会100公里线路首选。

石羊沟古道路出远古，与西奚古道交会，紧邻沿河古城，无论对史前考古，还是对古代军事、经济、交通等文化研究，均具有很高价值，在京西古道网络体系中占有一定重要地位。

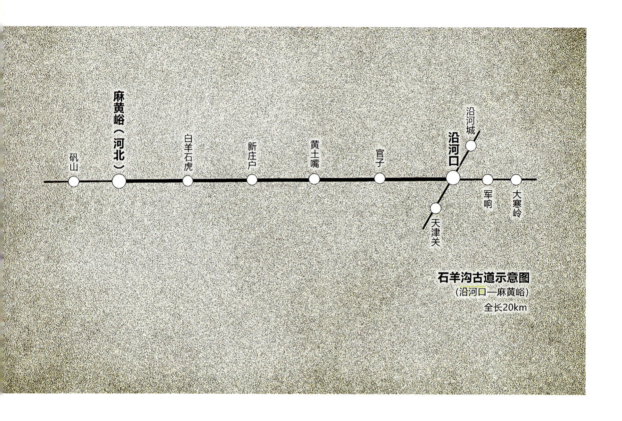

石羊沟古道示意图
（沿河口—麻黄峪）
全长20km

石羊沟古道起自沿河口村，经官子、黄土嘴、新庄户、白羊石虎等废弃村庄，至河北麻黄峪村。古道全长20公里。

人文景观：沿河口敌台、大明驻军营盘、石港口巡检司原址、孤山石刻等。

# 军事要隘沿河口

　　大道为关，小路为口。沿河口，为明内长城重要军事隘口，西山战略要冲之地，隶属紫荆关沿河城（口）辖区。关口两侧，建有"沿字四号""沿字五号"敌台。沟内2里，有敌台"沿字三号"，虽400年时光，但雄风依旧。沟内大明兵营遗址尚存，却断壁残垣，岁月不堪。

　　沿河口曾于辽代设石港镇使，元末设石港口巡检司，明代设石港口，建敌台三座，与巡检共同把守。

# 西奚古道

    西奚古道，古称皇太妃岭道，主要部分位于西山腹地黄草梁一线。其东西方向与多条出塞古道相交会，为京西古道网络体系一条著名军旅古道。西溪古道为一段行走在京西古道上的美丽传说。据传，古道为唐末库莫奚族西支，在其皇妃带领下，利用沿河城大断裂地形所创修，故称西奚古道。

    作为军事通道，西奚古道曾经一度发挥特殊作用。公元1125年，金兵为避居庸关之坚，采取迂回战术，取西奚古道背后攻之，宋军大败。不久，中都建立，京城历史改写。

    自明以后，西奚古道成为内长城三关（居庸关、紫荆关、倒马关）联络线路，东西串联大小关口，成为明内长城防御系统一条生命线，战略意义重大。

西奚古道自昌平南口起，西南方向经老峪沟、禾子间、马刨泉进入门头沟界。再经房良口、大村、长峪西口、庙庵、向阳口、沿河城、石港门、龙门门、大津关口、排凌安、柏峪涧、东龙门（涧）口、西龙门（涧）口、梨园岭口、瓦窑村、双塘涧、老天河水、岭台鞍等，进入河北省涞水县境。再经易县紫荆关，至唐县倒马关止。古道全长260余公里。其中，门头沟房良口至岭台鞍段，长约55公里。

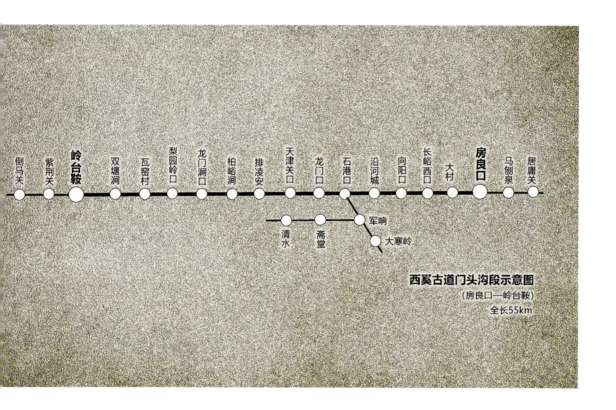

西奚古道门头沟段示意图
（房良口—岭台鞍）
全长55km

自然风光：南石洋大峡谷、珍珠湖、永定河大峡谷、龙门口一线天、东西龙门涧等。

人文景观：北齐长城遗址（大村）、德胜寺遗址、大悲岩观音寺、沿河古城、天津关遗址、悬空寺、通仙观等。

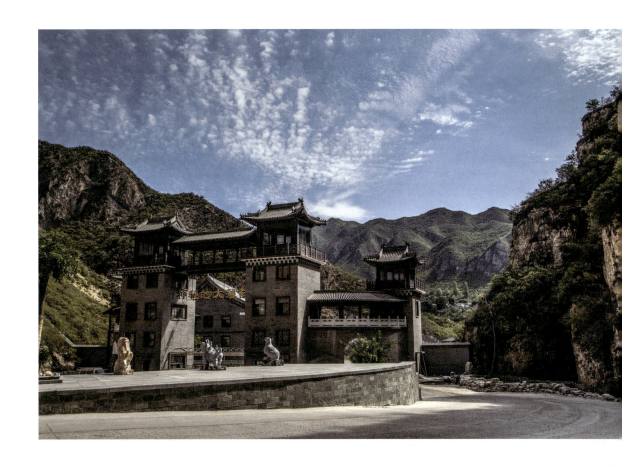

## 南石洋大峡谷

　　南石洋大峡谷，位于京西雁翅马套村，全长20公里。峡谷地处西山"东灵山—黄草梁—笔架山"褶皱隆起，地貌复杂奇特，地质地层丰富，有元古界震旦系、古生界寒武系、奥陶系、石灰系，以及中生界侏罗系和新生界第四系等，历经亿万年地层构造，形成一峡九谷地质奇观。

炊烟，犬吠，敌台，岸柳……古城，一座明朝的记忆，老去的故事，曾经金戈铁马，旌旗猎猎。如今大戏落幕，物是人非，城，依旧在，却无言，唯一条大河傍村东去，带走无数时间与空间……

沿河城，自古边关，西山形胜，交通要冲。这里河流一条，道路三向，"东望都邑，西走塞上"。明万历六年建方形城堡，设守备公署，辖下隘口17处。长城从此西去，有沿河口、黄草梁、小龙门等敌台十数座，或存或废，风中诉说；北走浑河峡谷，两岸奇峰嶙峋，绝崖峭壁，满目苍然，仿佛时空老去，岁月风化，天地悠悠。

# 大明边关沿河古城

沿河城，古称三岔村，建于明万历六年，为明代边塞城堡，屯兵要塞，沿河口守备驻地。因其靠近永定河，故名沿河城。

古城依山傍水，战略要冲之地。城东西长约420米，南北长约300米。有东西二门，东曰万安，西曰永胜，均为砖石结构。城墙用条石及鹅卵石砌筑，朴实雄伟。城中有《沿河口修城记》石碑一座，记载明万历六年（1578）御史中丞张卤督建城防始末。城内，有大戏台、守备衙署等，大小庙宇十余座。城西北有沿字一号、二号敌台，南山有烽火台遗址。

沿河口隶属明代长城内三关之紫荆关所辖，是塞外通往北京之要冲之一。此城辖有分布于沿河口、龙门口、石堤口、黄草梁、洪水口一线，长达40公里山巅或险隘处敌台15座，故敌台均以"沿字第X号"标序。

沿河城是京西著名军户村。其历史悠久，人文承载，遗存丰富，边关军事文化生动鲜明，感受强烈，为中国传统村落。

## 大悲岩观音寺遗址

　　大悲岩观音寺，俗称"盖不严"，位于京西斋堂向阳口村，佛教建筑，明代文物遗存，区级文物保护单位。大悲岩观音寺时间年代不详，最早文字记载，为明正德八年（1513）《大悲岩记》碑刻。其坐北朝南，正殿3间，面阔10米，进深6米，顶无存。残墙内壁有彩绘，东西各2幅，中间3幅，已残毁，内容大致为观音佛像故事。东10米处有一道观，为两层建筑，大部残毁。

　　明清时期，大悲岩观音寺佛道一体，供奉观音、玉帝、关帝诸神，以此满足不同信仰之需。大悲岩观音寺共有石碑4块，现仅《重修大悲岩灵岩寺功德碑》存于寺内，仆于地。另3块存于他处。大悲岩居高望远，珍珠湖、永定河大峡谷可尽收眼底。

# 天津关古道

天津关古道，起自京西斋堂，终于河北麻黄峪，为西山腹地外联河北怀来盆地一条重要通道，也是京西古道网络体系中，一条著名的军事要道及商旅大道。

雄关漫道，壮歌如虹。自秦汉以来，这里烽火硝烟，纷争不断。唐末五代时期，卢龙军假此道运粮藏军；辽金时期，金兵取道出奇制胜。金灭大辽、蒙元灭金，天津关古道功不可没。特殊的地理位置，特定历史环境，天津关古道军事作用明显，战略意义重大。于是大明王朝于黄草梁一线修长城、筑敌楼，立关设卡，重兵把守。

炎黄蚩尤，秦汉晋唐，辽金元明。天津关古道形成年代久远，历史承载厚重，军事文化体现充分。这里长城敌楼、营盘马场、燕歌袅袅、军户人家……

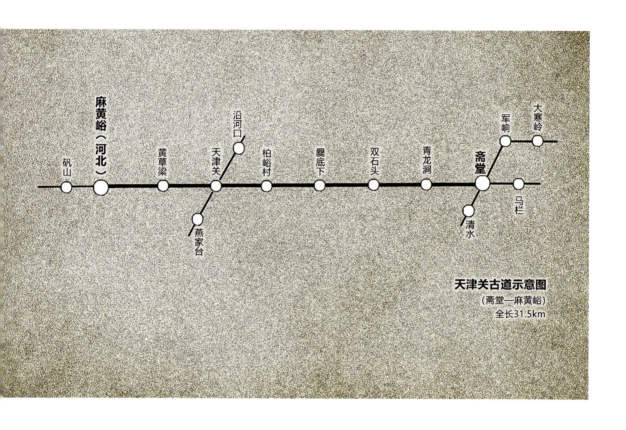

天津关古道示意图
（斋堂—麻黄峪）
全长31.5km

　　天津关古道起点京西斋堂，西行青龙涧，经黄岭西（早期）、双石头、爨底下、柏峪台及柏峪等村，上天津关，越黄草梁，至河北省怀来县麻黄峪，全程31.5公里。

　　人文景观：黄岭西、爨底下、一线天、柏峪寺、天津关、天仙背洞、象鼻山、李官石刻、十里坪、黄草梁明长城、七座楼……

　　非物质文化遗产：柏峪燕歌戏。

# 红歌唱响黄岭西

  黄岭西，成村于明末清初，因黄岭之西得名，中国传统村落。村庄碧绿环山，古木掩映，左右蜿蜒于沟谷两侧。其布局里出外进，高低错落，空间巧用，风格独特。村内尚存众多清代及民国时期民居院落，大多山石垒砌，风貌古朴，似一幅水墨丹青，风尘无数岁月。

  村北有古刹灵泉庵，西北十里为柏峪寺。古道三条，分别通往斋堂、清水及柏峪村方向。山梆子、蹦蹦戏等自娱自乐，民间传承。

  战争年代，黄岭西为著名抗战模范村，有"黄岭西排"故事感人，至今红歌唱响。

前朝遗风，山乡意韵，四合院的故事。曾否一袭花轿出山，袅袅燕歌，声声唢呐，和一山秋韵，奏一曲古道柔情，红火了岁月，地老天荒……

一处风水宝地，一杯陈年老酒。爨底下，曾经地处边关，军商要道，过往的繁华。这里青龙白虎，朱雀玄武，明清风范；这里勤耕尚读，厚德邻里，人杰地灵。商铺、客栈、门楼、影壁、雕花、壁画……四百年风情演绎，世间桑麻。

## 明清遗风爨底下

　　爨底下，位于西山腹地，清水河畔，为天津关古道重要节点。其始建于明，军户成村，军道驿道。村庄坐北朝南，依山而建，南北轴线，线面相合，结构布局整体和谐。全部民居扇形分布，高低错落，因地制宜，变化有序。村落建筑整体关照军事防御、农业生产、驿道客栈及生活起居等多项具体功能。

　　爨底下村现存民居多以清代四合院为主。其布局得体，讲求礼制，构件精美，文化蕴含，为中国北方山地四合院之建筑典范。

　　一户成村，全村韩姓。爨底下村气韵祥和，民风淳朴，传统文化底蕴深厚，民间民俗丰富多彩。2003年11月27日，首批入选"中国历史文化名村"。2006年6月1日，成功荣获"全国重点文物保护单位"称号。2012年9月，成为首批"中国传统村落"。

## 燕歌袅袅柏峪村

柏峪村，地处京西斋堂，西北距黄草梁7.5公里，海拔817米，明代成村，为京西著名军户村。柏峪地处天津关下，为一处军事要地，明代修筑黄草梁长城，守军家属定居于此，逐渐繁衍成村。

柏峪村先民多为黄河以南地区迁居于此，为天津关戍边军户。因怀念乡音，排遣寂寞，遂将家乡剧种小调传唱当地。久而久之，与当地方言、山歌小曲、山乡俚语等相互糅合，形成独具地区特色韵味的燕歌剧种，并传承至今。柏峪村燕歌戏为京西地区一个古老戏种，距今400多年历史，是京西古道上的一朵民间艺术奇葩。其唱腔苍凉古朴，风格独特，以"九腔十八调"享誉京西。

柏峪燕歌戏被专家成为"戏曲文化活化石"。并于2006年，成功入选北京市非物质文化遗产名录。

# 古道明珠黄草梁

　　黄草梁，一处延绵数里亚高山草甸，京西古道上的一颗明珠，海拔1773米。这里自古边关，西山故道，居高可俯览群山，风景拾贝；凝望，则发古幽思，史海钩沉。古砖窑、古校场、天津雄关、西奚故道……曾经炎黄蚩尤、先秦两汉，多少远古浸润。如今大明江山不复，却长城犹在，内通居庸，南达紫荆倒马。

　　黄草梁长城，京西地区保存最好部分。其6段长城墙体，连接7座敌台，总长974.2米。长城依山势而建，多处以险为障，以崖代墙，巧妙利用西山险要，为全国重点文物保护单位。

俯身古道，聆听东胡林人的脚步，一万年的声音。望断岁月，七座楼狼烟滚滚，该一场怎样的血雨腥风？一片秋叶落地，象鼻山的故事老了，大明边关，硝烟散尽，哪里寻找一枚胡人的箭镞……

# 古道边关七座楼

　　黄草梁七座楼，明代文物遗存，全国重点文物保护单位，沿河城守备中枢辖属，为沿字六、七、八、九、十、十一号敌台及一座实心楼组成。七座楼长城为山石所砌，蜿蜒曲折。敌台据险而建，威武雄壮，大有"一夫当关，万夫莫开"之气势。

# 清水河古道

清水河，京西地区永定河最大支流，发源于百花山、灵山，流经清水、斋堂、军响，至青白口，汇入永定河。清水河为一条季节河，自西向东贯穿整个斋堂川地区。

清水河流域河谷宽阔，山水相济，人类生息适宜之地。同时，这里高山绵亘，峡谷幽深，为京城西部天然屏障，自古兵家必争之地。

清水河古道地处西山腹地，贯穿全部流域地区。其内连京城，外接河北，为京西古道网络体系重要节点地区。如今，古道大部已被现代交通所覆盖取代，但沿线地区遗存丰厚，人文荟萃。古城、古镇、古村、古寺、古塔、古墓，以及古人类、古军事等人文遗迹众多，内容丰富多彩，有力证明本地人文历史悠久，充分显示地区文化底蕴深厚。

清水河路地区，是远古人类生存价值取向，是西山腹地历史与人文的重要承载。

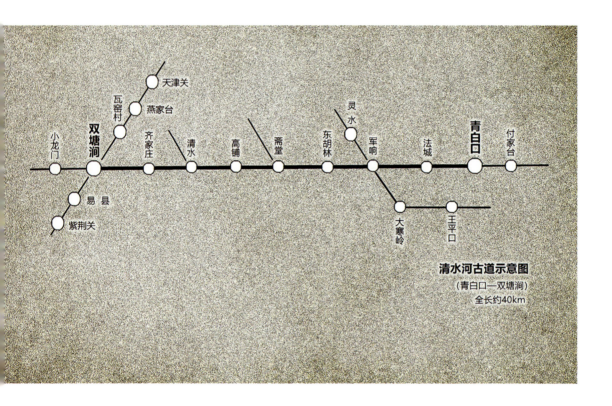

清水河古道示意图
（青白口—双塘涧）
全长约40km

清水河古道东起雁翅青白口村，经军响、东胡林、斋堂、马栏、清水、齐家庄，至双塘涧，全长约40公里。

史前文化：11万年旧石器时代前桑峪人股骨化石、新石器时代早期1万年东胡林人古墓遗址、新石器时代中晚期青白口石磨盘及石磨棒。

地质文化：马兰黄土、青白口系、青白口穹窿。

人文景观：一元春药铺、灵岳寺、斋堂古城、挺进军司令部旧址等，灵严寺、弘业寺遗址等。

非物质文化遗产：九曲黄河转灯、民间花会等。

# 青白口，一个捆绑在地质学上的村庄

青白口，位于西山腹地，清水河与永定河交汇处。其三面环水，一面靠山，历史悠久，文化绚烂。

青白口曾称青龙口、石港口。清水双林寺辽统和十年（992）经幢记有"青白口"村名。作为重要军事隘口，历朝历代驻军把守，石港口巡检司于清代移至此地。曾因驻有"青白军"，故更名青白口。这里曾经出土石磨棒、石磨盘等物，为新石器时代中晚期远古人类活动遗迹。

青白口，一座捆绑在地质学上的村庄。中国地质学把始于距今约10亿年，止于距今8.5亿年的这段时间，称为青白口纪，将在青白口纪所形成的地层称为青白口系。作为地质学概念，青白口声名远播，闻名于世。

青白口，永定河畔一座红色村庄。著名的一元春药铺，曾是中共宛平县委秘密联系站，成为中共早期活动地点。这里是京西宛平县革命发源地，曾经培养大批优秀领导干部。过去年代，青白口村一批仁人志士投身革命，奋不顾身。自1932年党组织建立，到1949年新中国成立，先后涌现28位烈士，为革命和解放事业洒下热血。

# 传统村落西胡林

西胡林，位于西山腹地，清水河南岸。村庄历史悠久，但成村时间不详，村名由来多个版本。辽时称胡家林村，明时分东、西二村。村中古树、古庙、古戏台、古民居，以及石德堂、万隆店等旧时商号十余家。2016年12月，西湖林入选中国传统村落名录。

西胡林有三宝：千年不冻水、万年不化冰、参天耸立白桦林。村南沟域树木参天，景色宜人，有山神之眼、垂涎之石、冰川巨岩和宁曲不死之木等自然景观。通州峪内，有"千年不化之冰"传说。

民国时期"节篱竹筠"贞节匾尚存。

# "东胡林人"古墓遗址

东胡林人，大约1万年前，新石器时代早期，生活在北京西山腹地东胡林一带的远古人类。

1966年4月，北京大学地质地理系实习团队，在京西东胡林村更新世马兰黄土台地，偶然发现一处两男一女人骨化石墓葬。经中国社科院古脊椎动物与人类研究所鉴定，墓葬为新石器时代早期，距今大约1万年。1995年至2016年间，北大考古及北京文物研究所等先后进行多次挖掘，更多成果陆续问世。

"东胡林人"时代所处，为新旧石器时代更替、渔猎向农耕文明转化的大变革过渡期，在人类进化史上具有极其重要地位。墓葬谷物的发现，是旱作农业出现与农耕文明产生的有力证明，并成为新旧石器时代的分水岭。

"东胡林人"墓葬遗址发现，填补诸多考古空白，对研究我国华北地区气候环境变迁、中国早期农业及陶器出现，以及人地关系等，均具有重要意义，同时也奠定了东胡林人的祖先地位。

# 古城斋堂

斋堂，位于西山腹地，清水河畔，其东连京城，西通塞外，自古兵家必争之地，有"京西重镇"之称。斋堂城，建成于明万历四十五年（1617），为沿河城之辅城。其长宽各1里，东西走向，有二门。东门城台额题"廓清"，西门"辑宁"。清嘉庆六年（1801），南部城墙水毁。1937年，东门顶楼失火，西门日军拆毁。清代驻绿营兵，为宛平县齐家庄巡检司后期驻地。

斋堂地区为北京西山交通要道，京西商旅古道西行必经之地。唐贞观年间，修建白铁山院（灵岳寺），香火繁盛，景象繁华，四方香客山上朝拜，山下吃斋，斋堂由此得名。时至元代，斋堂地区迎来全盛，东、西斋堂二村已具规模。天仙娘娘庙（圣母观音寺），位于东斋堂村北山坡，坐北朝南，明正德四年（1509）始建，正德十四年重建，迄今已有500多年历史。

斋堂地区人文历史悠久，文化气息浓厚，为京西历史文化重镇。元代学者熊梦祥（1285—1376）弃官索隐，归园田居，于斋堂撰写《析津志》，堪称北京历史上第一部史地书籍。明代宛平知县沈榜（1540—1597），编著《宛署杂记》，记录大量斋堂地区政经史地、民俗掌故等历史信息。

# 千年古刹灵岳寺

　　灵岳寺，位于京西斋堂白铁山，又名"白铁山院"，始建于唐贞观年间，据今1300多年历史，经历代重修保存至今。据元代《重修灵岳寺记》（1293）碑文记载，灵岳寺盛时"皈依有殿，斋会有堂，造膳有厨，积储有库，主有丈室，八十四龛佛像，灿然金碧"。

　　寺院唐风宋韵，风格独具，堪称北京古代建筑的"活化石"。2013年5月，灵岳寺被核定为第七批全国重点文物保护单位。

　　历史上灵岳寺规模宏大，寺产众多。《重修灵岳寺记》有云，"本寺并赡寺地土四至：东至秋林塔，南至歇场安，西至采家背后岭，北至三重岭"，最高峰时，供奉寺庙福田曾多达万亩。

　　"行路的人留下的佛。"灵岳寺地处京西古道重要节点斋堂，史有"先有灵岳寺，后有斋堂城"之说。斋堂，是灵岳寺之斋堂。斋堂南有马栏，曾是寺院放马之地。东南火村，则为香客饭食提供之所。斋堂村北有宝峰寺，为灵岳寺下院。

## 八路军冀热察挺进军司令部旧址马栏

　　七七事变不久，平西抗日游击支队成立。1938年初，邓华率主力部队挺进斋堂川。1939年2月7日，萧克在京西下清水村召开宋（时轮）、邓（华）两支队及地方干部会议，传达中共中央六届六次会议精神，八路军冀热察挺进军成立。

　　八路军冀热察挺进军司令部旧址，位于京西斋堂马栏村。马栏，地处西山腹地，清水河南岸。其明代建村，村中古寺庙、古石桥、古戏台、古民居等年代久远，历史人文厚重，为中国传统村落。

　　国际通用地质学名词"马兰黄土"，得名于此。

# 齐家庄灵严寺

灵严寸，位于京西清水齐家庄，佛教建筑，唐代文物遗存，1300余年历史。寺庙始建于唐武德年间（618—626），元至正年间重修，明永乐年间改为尼庵。其北踞金柱山，坐北朝南，原有山门殿、钟鼓楼、太子殿、伽蓝祖师堂、大雄宝殿及配殿10余间，战争年代被日军所毁，大雄宝殿幸存。大殿为元代遗物，风格明显，为北京地区罕见。

寺内现存，明成化二十二年（1486）《重修灵严寺记》及明嘉靖六年（1527）《重修灵严寺碑记》石碑两方，对研究齐家庄地区历史变迁、军事设施及地位具有重要参考价值。

灵严寺是北京地区仅存元代木结构古建筑，1995年10月，公布为市级重点文物保护单位。

齐家庄，位于京西清水，成村年代久远，人文历史厚重，为京西地区著名古村。其元代设齐家庄巡检司，辖斋堂川五十八村。村北有青愣山朝阳洞，为明代弘业寺遗址。牛眼洞，曾出土旧石器时代多种古动物化石堆积，疑似远古人类活动遗存。

## 小龙门国家森林公园

　　小龙门国家森林公园位于京西东灵山脚下，距北京市城区114公里，是京西生态屏障重要组成部分。其总面积771公顷，平均海拔为1300米，内有长城通道、城墙、古敌楼等遗址。

# 燕家台古道

　　燕家台古道，也称大北沟古道，位于京西清水，为清水至九山一条南北通道。沿"九山小道"继续北行，可至"三祖圣地"涿鹿矾山。

　　燕家台古道历史悠久，人文承载，文化内涵丰富多彩。这里有北方地区最大嶂谷，远古人类自然通道。这里与天津关古道及西奚古道南北相连、东西交会，为西山地区重要交通要点。史前文化、历史故事、神话传说、名人轶事；双林寺、通仙观、张仙洞、观音庵。这里军事、经济、宗教、交通及非物质文化多维体现，为京西古道网络体系一条著名文化线路。

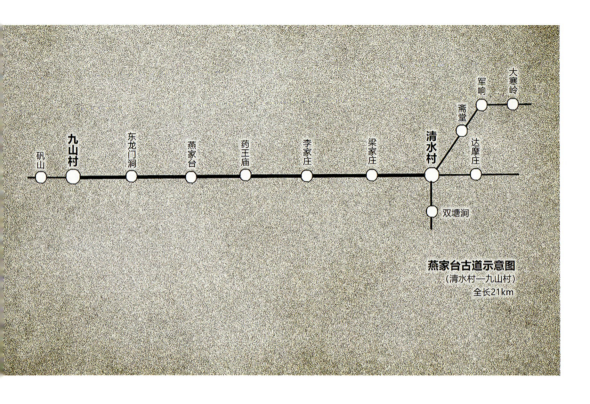

**燕家台古道示意图**
（清水村—九山村）
全长21km

矾山　九山村　东龙门涧　燕家台　药王庙　李家庄　梁家庄　清水村　达摩庄　斋堂　军响　大寒岭　双塘涧

燕家台古道，自清水村一路向北，经梁家庄、李家庄、药王庙、燕家台、东龙门涧、至九山村止，全长21公里。

人文景观：双林寺、过街楼、龙门涧、通仙观遗址、悬空寺。

非物质文化遗产项目：义和班、中幡会、高跷会等。

# 上清水双林寺

　　双林寺，位于京西上清水村，佛教建筑，辽代文物遗存，百花山端云寺下院。其坐北朝南，四合院布局，辽称清水院，金、元、明、清历代均有重修。双林寺主要大型建筑毁于战火，现存辽统和十年（992）经幢一座（门头沟区博物馆收藏），元、明建筑各一座，古井一口。

　　双林寺石经幢由13层石构件建成，高4米，8方基座，圆形仰莲承托。其幢身两层，上为方形小龛，周雕佛像。下层刻有《尊胜陀罗尼经》及题记，载有古玉河县地理辖界及军名、地名、官名、人名等大量历史文化信息，极具史料价值。元代小殿堂为西配殿，是北京地区少有元代风格建筑。2001年公布为北京市重点文物保护单位。

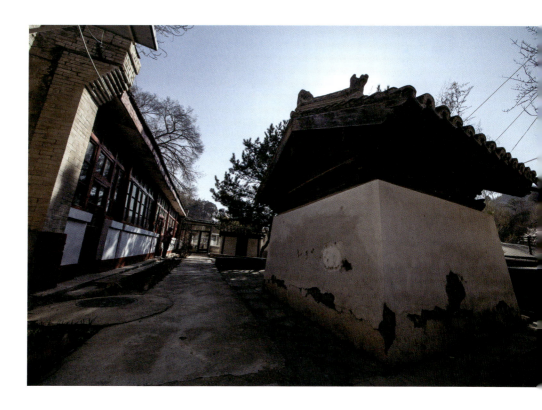

# 京西悬空寺

　　张仙洞圣泉庵，位于燕家台村柏峪涧，建于明代。有张仙殿、龙王殿、娘娘殿及弥勒洞等。因石堂建于半山，又称悬空寺。

　　悬空寺因供奉张仙而名。张仙者，"送子男神"，曾于此洞"炼丹"。寺旁有清泉一池，史料载为"神泉"，故称"张仙洞圣泉庵"。泉边山壁有石刻楹联，上为"神泉接地脉"，下为"圣水映天光"。相传，常饮此水可消灾避邪，行交好运。

塔儿寺：燕家台—九山古道（河北·涿鹿）

轩辕湖：燕家台—九山—矾山古道（河北·涿鹿）

# 百花山香道

　　百花山香道，是指西山腹地清水河上游地区，以百花山为信教中心、辐射清水、斋堂及房山等地，所形成的礼佛进香道路体系。

　　百花山，古称百花坨，相传汉代即建有寺庙，且当地民间有摩诃祖师之传说。唐末五代时期，建端云寺。山顶有护国显光禅寺、关帝庙、龙王庙及娘娘庙等。百花山主奉文殊菩萨，民间有"种佛"之说。金代章宗皇帝曾到百花山礼佛进香，为圣泉岩寺赐额"圣泉施地"。

　　百花山娘娘庙会日为农历五月十八，传与九天玄女有关，信众辐射范围甚广。其进香古道多条，呈放射性分布，满足当地民众信仰所需。

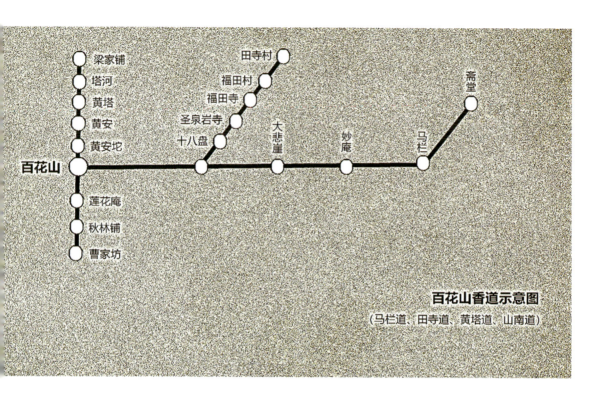

**百花山香道示意图**
（马栏道、田寺道、黄塔道、山南道）

　　马栏道：自斋堂向南，经马栏、妙庵、大悲崖，至百花山。古籍多有记载，并称此路曾有菩提树。

　　田寺道：自清水田寺路口向南，经田寺村、福田村及福田寺、圣泉岩寺到十八盘，与马栏道会合一处，上至百花山。

　　黄塔道：自塔河口向南，经梁家铺、塔河、黄塔、黄安、黄安坨至百花山。

　　山南道：自房山史家营乡曹家坊、秋林铺、莲花庵至百花山。

一位待嫁的少女，从远古走来，掐一朵百草畔野花上头，持几片黄安坨红叶在手，立刻绯红了脸颊，清风里，把一首情歌唱给秋天。

## 古道上的诗篇百花山

百花山，大山深处的烂漫，古香道上的诗篇。曾经，神农百草，轩辕筑路，时空千古；于是，云海升腾，晚霞映翠，鸟语花香。显光寺、瑞云寺、娘娘庙、菩萨庵……峰峦掩映，人文旧貌，千百年的钟声；马栏、田寺、黄塔、山南……善男信女，古道茫茫，怎样一幅风情画卷！

百花山，国家级自然保护区，主峰海拔1991米，有"华北植物园"之美誉。

# 护国显光禅寺

　　护国显光禅寺，位于百花山顶，坐西朝东，四进殿宇，海拔1900余米，为北京市最高寺庙。其寺辽大康（1075—1084）前已存在，因寺庙附近有千佛岩，故称佛岩寺。明代，又因寺庙以文殊菩萨为主奉，遂称文殊寺。清代重建。

　　传说，千佛岩夜间时有闪光，白天光环五色，故又改称显光寺。全称"护国显光禅寺"。

## 百花山下黄安坨

　　黄安坨，位于京西清水百花山，平均海拔1045米。其地势高敞，视野辽阔，森林覆盖，生态涵养，为百花山下第一村。并先后评为"首都绿色村庄"及"北京市生态文明村"。

　　1955年12月，毛主席为黄安坨村"远景规划"作出重要批示。作为一种精神力量，曾经鼓舞当地几代人艰苦奋斗、自强不息。

# 芹淤古道

芹淤古道，位于京西雁翅，地处永定河左岸。古道南起芹峪口，沿田庄沟东北行，终至昌平高崖口。旧时，为连接宛平与昌平一条通商大道，曾对两地人员往来、物资交流与文化沟通发挥重要历史作用。

芹淤古道最早可追溯至隋唐时期，元代碑文对此已有"古道"之称。古道沿线，古寺古村，人文历史。传统村落苇子水，佛教明珠白瀑寺，本地"神仙"崔奶奶，以及非物质文化遗产淤白蹦蹦戏等。战争年代，古道更是一条著名红色线路，多少仁人志士及国际友人经过这里走向延安，奔赴战场。田庄村，京西山区中共第一党支部诞生地；崔显芳，京西古道大山深处播撒革命火种第一人。

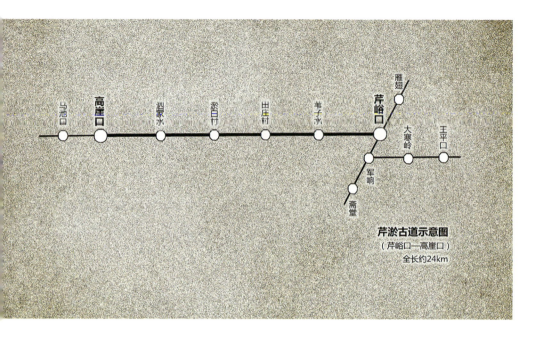

**芹淤古道示意图**
（芹峪口—高崖口）
全长约24km

芹淤古道是一条古老的历史文化线路，更是一条年轻的红色交通线路。芹淤古道自芹峪口起，经苇子水、田庄、淤白、泗家水，至高崖口，全长约24公里。

人文景观：苇子水传统村落、龙王庙、大佛殿、娘娘庙、白瀑寺、京西山区第一党支部。

非物质文化遗产项目：淤白蹦蹦戏、苇子水原生态秧歌戏。

# 不老风情苇子水

苇子水，位于京西雁翅田庄沟。其明前成村，全村高姓，因早年小桥流水，芦苇茂盛而得其名，京西著名古山村。

村庄依山而建，道法自然，天遂人愿，古朴淡雅，自古有"一榆两槐四古柏"及"九龙戏金盆"之说。沿街十二座小桥，四十八处四合院落，古槐、古松、古榆点缀其间，给人玲珑隽秀、小家碧玉之感。

苇子水村民间民俗文化历史悠久，丰富多彩。早年幡会、秧歌、号佛、转灯等等。如今乐班古曲，乡音袅袅，四五百年传承。原生秧歌，二三十个剧目，久演不衰。

"兴家必勤俭，高寿宜子孙"，苇子水村朴素传统，人文风貌。2012年，入选中国传统村落名录。其原生秧歌戏，为北京市非物质文化遗产保护名录项目。

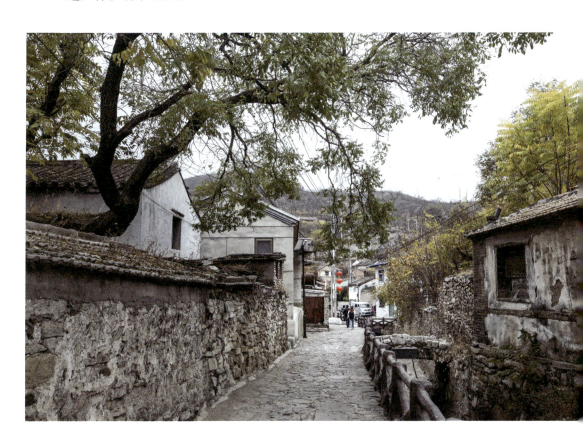

# 田庄村，京西古道第一缕红色曙光

　　京西大地，这片"红色"热土，经历过多少血与火的洗礼；古道铿锵，一条条通往胜利的路上，留下了多少革命者的足迹。

　　田庄村，播撒在京西古道上的第一缕红色曙光。1926年，京西第一个中共党员崔显芳，在家乡田庄村创办田庄高小，宣传党的主张，进行革命教育，积极培养革命力量，先后发展了魏国元、赵曼卿等一批共产党员。1932年9月，在中共北平市委帮助下，建立起京西山区中共第一个党支部。

## 金城山白瀑寺

　　白瀑寺，位于京西雁翅淤白村北金城山。辽乾统初年，由昌平、玉河、矾山、怀来四县信众集资共建，初名白瀑院，后改"白瀑寿峰禅寺"，通称白瀑寺。辽代后期，华严宗高僧圆正法师游方至燕京宛平县金城山弘传佛法。金、元、明及民国时期均有重修。

　　白瀑寺为一座拥有900多年历史的辽代古寺。寺庙坐北朝南，寺内正殿3间，两厢配殿各3间。据碑文记载，白瀑寺规模颇具，庙产丰厚，下院众多，鼎盛时期僧众百余。现寺院西侧为塔院，有圆正法师灵骨塔，建于金皇统六年（1146），为北京市文物保护单位。

大村，明代称为长峪村，因地处长峪沟而得名。清代又因属于沟域最大村庄而取今名。

大村地区人文历史悠久，军事遗存丰富，文化价值显著，是京西地区长城文化体现最为充分点位之一。村南，现存北齐长城遗迹，为全国重点文物保护单位。村北，有明内长城经过，东接居庸关，西邻沿河城，曾经设下常峪、房良、南北石羊沟诸多隘口。得胜寺，始建于明，如今庙废碑残，落荒于野，仅剩凭吊。娘娘庙及戏台等，几经重修，保存至今。

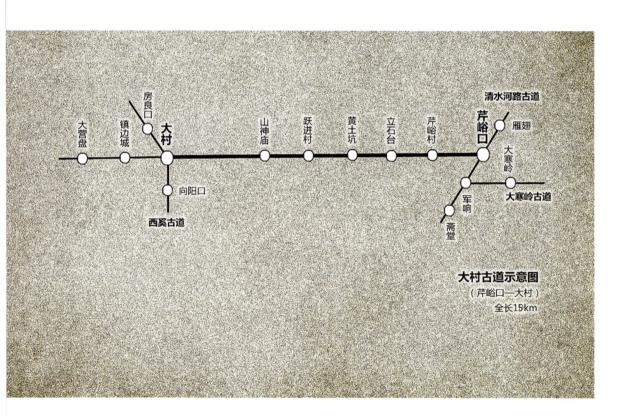

大村古道示意图
（芹峪口—大村）
全长15km

大村古道南起芹峪口，北经芹峪、立石台、黄土坑、跃进村、山神庙，至大村。全长约15公里。

人文古迹：北齐长城遗址、得胜寺遗址、娘娘庙及戏台，周边镇边城、横岭城、大营盘及明长城等。

非物质文化遗产项目：京西黄芩茶加工技艺。

# 北齐长城遗址

北齐长城为门头沟区境内已知最早长城，距今1500多年。目前，取得国家文物部门资源认定的北齐长城共5段，分别为雁翅镇马套村北洋沟长城、雁翅镇大村北西岭至得胜寺长城、雁翅镇房梁村长城、清水镇江水河村东灵山长城、雁翅镇马套村旁路沟东台岭长城。

大村北齐长城位于村南，为东西走向，蜿蜒2000余米。2013年3月5日，公布为全国重点文物保护单位。

# 得胜寺遗址

　　京西古刹得胜寺，位于大村西北，始建于唐，明代重修，现仅存遗址。古寺坐西朝东，背山面谷，分南北两院，北院三间正殿供佛，南院正殿三间，为四大天王道场。钟楼不复存在，一口大钟是为遗物，他处保存。明嘉靖三十年（1551）寺院重修碑记断为几处，岁月难收。

## 大村娘娘庙及戏台

　　娘娘庙及戏台，位于京西大村地区杨村香子台，明代建筑，区级文物保护单位。旧时，香子台娘娘庙会，为大村地区一项重要民间信俗活动，辐射周边十里八乡，以及河北怀来镇边城一带地区。每年农历四月初八，为庙会正日，这里香烟缭绕，粉墨登场，气氛热闹，娱神娱人。

镇边城：大村—矾山古道（河北·怀来）

大营盘残长城：大村—矾山古道（河北·怀来）

# 青沿古道

　　青沿古道，又称东岭古道，东南起自青白口，西北至沿河城，为西山腹地永定河左岸地区，通往河北怀来盆地一条重要通道。

　　青沿古道为古军道发展而成的一条商旅道，也是青白口与沿河城两地之间最短通道。古道历史悠久，使用时间较长，直到新中国成立以后仍在发挥作用。古道周边，曾有书字岭、避静寺、五里坡等古村古寺不堪岁月，走进历史。却东岭、碣石二村世外桃源，风情依旧，与古道一起民俗人文。

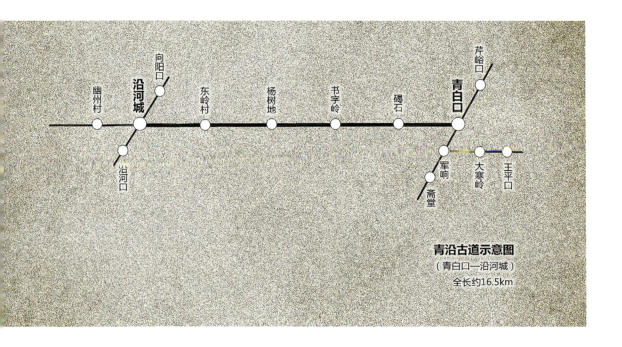

青沿古道示意图
（青白口—沿河城）
全长约16.5km

　　青沿古道自青白口为起点，经碣石、书字岭、杨树地、东岭村，至沿河城。古道长约16.5公里。

　　人文景观：碣石村、龙王庙、圣泉寺遗址、避静寺遗址、沿河古城。

# "京西井养第一村"碣石

　　碣石，《宛署杂记》载，明已成村，"立石为碑，卧石为碣"，故名碣石。碣石村历史悠久，气象和谐，民俗人文，生态涵养。村内古木繁茂，巨石如卧，72眼水井故事。曾经出土金代定窑生产花碟、花碗及十二生肖铜镜、铜灯等，文物级别。金代圣泉寺遗址尚存，明正德重修石碑一通，诉说过往。民间俗语：高知府，何知县，于家出了仨翰林。耐人寻味。

　　碣石村为中国传统村。史上曾以炼银出名，今以古井文化定位。被中国城市建设研究院确定为"京西井养第一村"。

京西古道　西山秘径

# 妙峰山香道

金顶妙峰，京城五顶之冠，华北地区民众信俗文化中心，中国民俗学发祥地。妙峰山庙会始于明，兴于清，盛于民国，为国家级非物质文化遗产名录项目。

妙峰山进香古道为放射性结构分布。其主要线路有老北道、中北道、中道、中南道、南道、西道等六条之多，沿途大小茶棚数十座。

妙峰山香道，是演绎在北京西山的一场人文风景、一幅民俗画卷。其香道文化蕴含丰富，生态饱满，为庙会文化重要组成部分。古道、茶棚、会档、香客、寒暄、礼节等，舍得之间自我循环，服务保障自成体系，形成一种特殊道路文化场景，与庙会共同构成内容统一的文化生态系统。

# 妙峰山香道聚落

妙峰山香道自成体系，放射线结构，方便不同地区信众需求。

老北道：自海淀聂各庄起，经老爷殿、车耳营、磨镰石河、双龙岭、花儿洞、大风口、磕头岭、贵子港八个茶棚，至涧沟村。旧时路有汽灯，星夜不熄，天津富商多取道于此。

中北道：从海淀北安河始，经响福观、朝阳院、金仙庵、玉仙台、庙儿洼等茶棚，至涧沟村。此道曾经太监安德海出资提升，方便清慈禧太后进香之用。

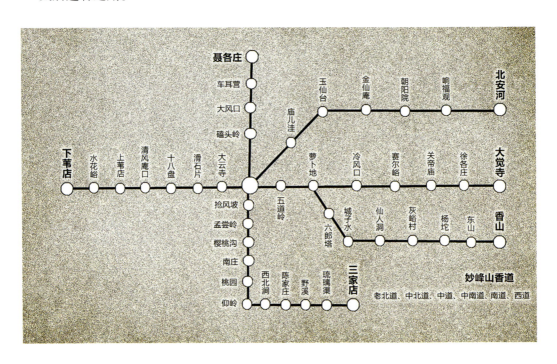

中道：从海淀徐各庄为起点，经大觉寺、观音庵、关帝庙、栗子台、赛尔峪、冷风口、萝卜地、五道岭至涧沟村。为妙峰山诸香道最短路线，有"三百六十胳膊肘"路段。

中南道：自海淀香山起，经门头沟东山、杨坨，至灰峪村，再经仙人洞、大石子、城子水、六郎塔、马刨泉等地，于萝卜地与中道会合。

　　南道：自三家店起，经军庄或琉璃渠、野溪、至陈家庄，走西北涧，越仰岭，经桃园、南庄、樱桃沟、孟尝岭、抢风坡、到涧沟村。沿途有琉璃渠"万缘同善"等茶棚十八座之多。

　　西道：起于下苇店，形成于明代，以羊肠小路发展而成。途径水花峪、上苇店、清风庵口、十八盘、跨拉鞍、滑石片、大云寺等地，至妙峰山灵官殿。

古庙奇松，怪石异卉，皇封御宠，儒释道俗。娘娘庙、观音殿、抢风坡、孟尝岭……漫漫香道，善男信女，演绎多少虔诚故事。

## 金顶妙峰山

　　山为佛生景，佛为山增色。惠济祠（娘娘庙）位于京西妙峰山。海拔1291米，其庙宇群落始建于辽金时期，有灵感宫、回香阁、玉皇顶等大小殿宇14座，且依山取势，参差错落，高低有致，分别供奉释、道、儒、俗各路神灵。

　　妙峰山最早名为大云山，据传与唐代武则天崇尚《大云经》有关。金、元时期称为妙高峰。清康熙帝将其封为"金顶妙峰山"娘娘庙，使之位居京城东西南北中五顶"娘娘庙"之上。后嘉庆帝赐名"敕建惠济祠"，并题御书庙名匾额。

# 妙峰山庙会

妙峰山庙会始于明，兴于清，盛于民国。每逢四月初一至十五，这里香火为最，届时，民间花会酬山献艺，幡旗招展；善男信女络绎不绝，日以万计。这里进香古道六条，沿途茶棚数十座，八方香客，不舍昼夜，"灯火之繁，灿如列宿"。其规模壮观宏大，登峰造极，堪称华北之最。

# 妙峰山日出云海

看雾凇、赶云海、观日出、赏玫瑰、望京城……

## 金代皇家寺院仰山寺

　　仰山栖隐禅寺，位于京西妙峰山进香古道南道樱桃沟村，佛教建筑，金代文物遗存。其始建于辽，兴盛于金，章宗西山八大水院（行宫）之灵水院，有"五峰八亭"之说。其建筑富丽堂皇，殿宇庄严肃穆，历代高僧辈出。明朝永乐、正统年间两度重修，为著名皇家寺院。

　　金明昌五年（1194）八月，金章宗亲临仰山栖隐寺，赐几十万两白银兴建殿宇及佛像。金、元之际，耶律楚材之师万松行秀在此弘扬佛法，声名远扬。

# 庄士敦别墅

庄士敦（1874—1938），1898年，庄士敦以学者兼官员身份在华工作生活，计34年。1919年2月，赴京，开始了"帝师"生涯。庄士敦是中国几千年帝王史上第一位也是最后一位具有"帝师"头衔的外国人。

庄士敦汉学功力深厚，学者素养。他广猎经史子集，喜欢中国古典诗词与饮茶之道，撰写了大量有关中国问题的论著，如《佛教徒在中国》《威海卫狮龙共存》《儒教与近代中国》等。1934年出版《紫禁城的黄昏》，名声大振。庄士敦不仅对溥仪竭诚尽忠，也为古老皇宫带来了新的气息，深受溥仪崇敬。1938年，庄士敦去世，终身未娶。

庄士敦别墅，清代文物遗存，区级文物保护单位，位于门头沟区妙峰山镇樱桃沟村，为庄士敦闲暇及避暑暂居之地。别墅为一独立小院，坐北朝南，五开间，硬山卷棚式，前出抱厦。园内一侧建附用房数间。院中散置山石，种植各种名贵花木。别墅上端有匾额一方，上有溥仪手书"乐静山斋"四字。

## 宛平八景之滴水岩

　　滴水岩，位于京西南庄村西北2公里处，金代已成名胜，章宗皇帝常游之。明代建天泉寺，初名大悲庵，清代多次重修。康熙二年（1663），殿内曾供奉42臂观音菩萨金像。早年间，文人雅士多青睐于此，赞美诗句不可计数。时至清代，这里更为进京赶考学子必到之处。

　　滴水岩为明清时期著名旅游景点。康熙年间的《宛平县志》将其列为宛平八景，名"灵岩探胜"。滴水岩周围山势峭拔，壁立千仞，岩下凹5米，高30余米，如"巨灵覆掌，横掩天空"。岩顶水滴飘落如万点梅花，清脆悦耳，冬季滴水结成丈余冰柱，晶莹剔透，形态各异。近处，有青檀林一片，笔直高耸，也算当地稀罕景物。

# 平西情报交通联络站

　　平西情报联络站，位于京西妙峰山下涧沟村，1941年初正式成立，是中共中央北方分局（后改称晋察冀分局、晋察冀中央局）社会部建立最早的情报大站，负责在根据地与北平城之间传递情报、输送抗战物资、护送来往人员。

　　平西情报联络站地理位置及战略地位十分重要，经历了抗日战争和解放战争两个时期，先后有钟子云、刘景平、梁波、梁克四任站长。

　　平西情报联络站纪念馆，由涧沟村关帝庙改建而成。2009年4月开馆之际，北京市原市长焦若愚同志亲自题写了馆名。

# 阴山石刻门联

　　阴山石刻巨幅门联，位于妙峰山进香古道南道，桃源村西南阴山崖壁。门联额题：静与天游，联曰：古出奇峰遮日月，岸有幽背表神灵。下款署：福恩书。刻字字大过尺，体势开张祥和。据相关专家初步判断，似为清末民初题写。

　　阴山石刻门联为妙峰山古香道重要一景，目前保存完好，为门头沟区文物保护单位。

# 九龙山香道

　　九龙山香道，位于京西九龙山，是以九天圣母庙为中心，所形成的数条进香古道总称。九龙山，海拔858米，其西接峰口庵，东临永定河，北靠琉璃渠，南瞰门城地区，为京西煤业发祥地。九天圣母庙，位于九龙山顶，供奉九天玄女。据传，九天玄女为远古母系氏族社会玄鸟部族首领，曾帮助黄帝打败蚩尤，帮助宋江"替天行道"，后来成为京西地区煤业女神。

北京西山煤业开采有上千年历史，所积淀形成的煤业文化独具特色。京西煤业有尊九天玄女为神的历史传统，其庙会文化与京西煤业文化密不可分。它与圈门过街楼、大戏楼、窑神庙等，共同构成一个生动饱满的京西煤业历史文化生态价值体系，成为今天我们走进历史、探究煤业文化的重要材料。

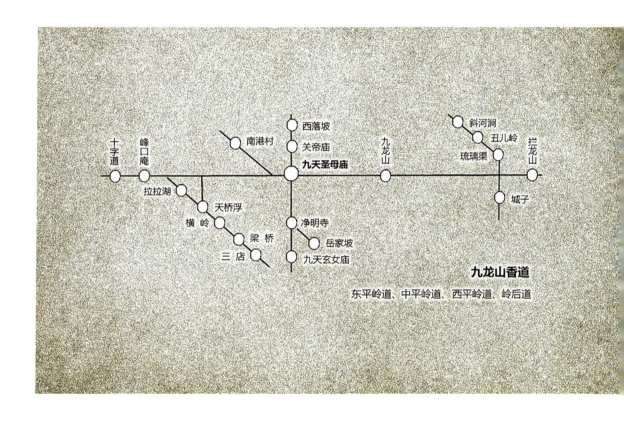

旧时，九龙山庙会活动举办隆重，香火旺盛，门城附近地区颇具影响。其香道包括东平岭道、中平岭道、西平岭道及岭后道等。香道周边，有窑神庙、过街楼、大戏楼、九天玄女庙、耿聚忠墓、周自齐墓、崇化寺遗址等。

# 永定河廊道

    永定河，距今300万年流淌史，为北京地区最大河流。泥河湾，200万年远古人类活动遗迹，被称作东方远古人类的故乡。京西古道，系北京西部地区、永定河中上游流域，自有人类活动以来，所形成的古老道路的统称。

    永定河是远古人类迁徙活动的一条天然通道。京西古道正是在这条通道基础上，逐渐形成发展，成为穿越北京西山（太行山），东连京城，西达河北、内蒙古、山西地区的网带状道路体系。

跨水成桥，濒水为栈。永定河傍河古道，是京西古道的最初起源与形成基础，是人与自然和谐相处的智慧体现。这里山水抒情，人文叙事，文化蕴含丰满厚重。

这里有三家店山西会馆、琉璃渠皇家琉璃，龙泉务辽窑窑，军庄周口店北京人第16、17、18遗址点位，陈家庄妙峰香道行宫茶棚，陇驾庄清显亲王丹臻墓，下苇店西派皮影，东石古岩汉代烽火台，王平村大魏武定三年刻石，付家台古地震地质遗迹，青白口史前文化遗迹，向阳口大悲岩，沿河古城，永定河大峡谷，等等。京西古道永定河廊道，是一条集水文、地质、地貌、峡谷、湿地自然景观，以及古村、古城、古寺、古桥、古墓、古渡口等大量人文遗存为一体的文化廊道。

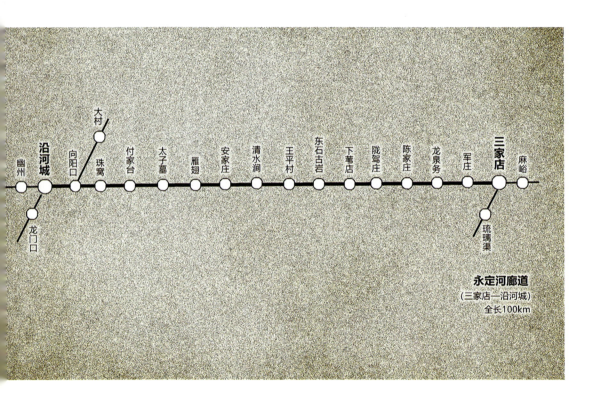

永定河傍河古道"官厅山峡"段，自门头沟三家店起，经军庄、龙泉务、陈家庄、陇驾庄、丁家滩、下苇店、东石古岩、王平村、清水涧、安家庄、雁翅、下马岭、太子墓、付家台、青白口、珠窝、向阳口、沿河城等诸多古村落后，自幽州进入河北怀来，全长100公里。

军庄村：自汉为军事重镇，得其名。有仙人洞远古人类活动遗迹及周口店北京人第16、17、18遗址点位等。《宛署杂记》载：东山思汉岭，为苏武过此留名。国家地理标志产品京白梨产地。图为军庄村过街楼。

龙泉务：有椒园寺、老君堂、西井茶棚遗址及魁星楼、药王庙、洪智寺等。辽金磁窑遗址为华北地区规模最大。图为辽白瓷。

下苇店：妙峰山进香古道西道起点，西派皮影发祥地。有龙王庙、昆仑洞、茶棚等人文景观。开山老会曾经红火一时，荆编手艺名扬乡里。北京原点坐标（东经116度，北纬40度）位于村西。水利、地质、军事、古道、宗教、民俗文化丰富多彩。图为永定河古渡口。

九河沟：古地震地质遗存，15亿年时空对话

永定河大峡谷：300万年奔腾不息

永定河官厅湖：洋河与桑干河的最美归宿

触摸一段历史时空，感受一场文化魅力，体味一种属于自己的生命质感。

山水抒情，人文叙事，紫气东来，生态涵养——
## 京西古道精品线路甄选

牛角岭古道 / 峰口庵古道 / 老板桥古道 / 黄草梁古道 / 灵山古道
峛崺古道 / 万桑古道 / 石佛村古道

古道奇观，千年一叹，《秋思》在耳，绝唱天涯——

# 牛角岭古道

西山大路古道牛角岭段。全长约12公里，累计上升500米。古道遗存50%。

线路：琉璃渠—丑儿岭—牛角岭—韭园村—东马各庄—石佛岭

景观：过街楼、商宅院、关城、蹄窝、免夫碑、三义庙、碉楼（元）、鞑寨（元）、马致远纪念馆、三孔古桥、挂壁古道、九龙山泉等。

强度：0.8（徒步穿越）

推荐：★★★★★

时空不老，岁月铿锵，你是一段行走的光阴，你是生命的参照与鼓舞——

# 峰口庵古道

玉河古道峰口庵段。全长约10公里，上升650米。古道遗存60%。

线路：圈门—天桥浮—峰口庵—十字道

景观：窑神庙、过街楼、大戏台、天梯、关城、蹄窝、古村等。

强度：0.8（徒步穿越）

推荐：★★★★★

古道、古桥、古幡、古乐、古村……
演绎在京西古道上的一场废墟美学！

# 老板桥古道

十里八桥古道老板桥段。全长约10公里，古道遗存30%。

线路：玉皇庙—老板桥—千军台—千军台实训基地

景观：玉皇庙、煤业展馆、古道、古桥、古村、髽鬏山战役纪念

碑、古幡、古乐。

强度：0.5（自驾+徒步）

推荐：★★★★★

俯身古道，聆听东胡林人脚步，一万年的声音。望断岁月，七座楼狼烟滚滚，该一场怎样的血雨腥风。一片秋叶落地，象鼻山的故事老了。大明边关，硝烟散尽，哪里寻找一枚胡人的箭镞……

# 黄草梁古道

天津关古道黄草梁段。国内著名户外徒步路线。全长14公里，上升700米，古道遗存80%。

线路：柏峪村—天津关—黄草梁—七座楼

景观：天津关、象鼻山、黄草梁高山草甸、明长城、七座楼敌台。

强度：1.2（徒步穿越）

推荐：★★★★★

情境依旧在，山高人为峰，谁人才是风景中的风景——

# 灵山古道

灵山古道聚灵峡段。全长10公里，上升800米，古道遗存80%。

线路：洪水口—灵山

景观：古道位于京西灵山脚下洪水口村聚灵峡，沿峡谷西北上12公里，可直接登顶2303米北京最高峰灵山主峰。这里山一程、水一程，景一程、境一程，倘若人间六月，一路暴马丁香。

强度：1.2（徒步穿越）

推荐：★★★★

不老时空，悠悠日月，青石有证，多少虔诚——

# 岢戒古道

岢戒古道全路段。全长约2公里，古道遗存90%。

线路：苛罗坨—石牌坊—戒台寺

景观：原生态古香道、石牌楼、戒台寺。

强度：0.5 （徒步穿越）

推荐：★ ★ ★ ★

走古道，寻佛字，做有缘人；登高阁，挽群峰，俯瞰京城——

# 万桑古道

麻潭古道定都峰段。全长约8公里，上升550米。古道遗存60%。

线路：万佛堂—红庙岭—桑峪村

景观："佛"字刻石、万佛寺遗址、定都阁、广慧寺。

强度：0.8（徒步穿越）

推荐：★ ★ ★ ★

不复王谢堂前燕，早已寻常百姓家——

# 石佛村古道

卢潭古道石佛村段。全长1.5公里，古道遗存100%。

线路：石佛村—石牌坊—戒台寺

景观：摩崖造像群、古御道、石牌坊、戒台寺。

强度：休闲级

推荐：★★★★

# 附录：京西古道大事记

远古的脚步 / 文明曙光 / 形成与发展 / 文化研究 / 品牌打造

# 远古的脚步

泥河湾，200万年；周口店，50万年。远古人类逐水而居，往来迁徙，很早形成永定河中上游流域原始状态天然廊道。军庄、王平、珠窝、黄草梁、齐家庄、西胡林、桑峪村等地，旧石器时代远古人类活动遗迹均有发现。

京西清水河流域更新世马兰黄土台地，一万年前"东湖林人"生产生活场景，于1966年被首次发现。卧龙岗、青白口、西大台、大东宫等地，石磨盘、石磨棒等新石器时代生产生活工具被先后出土，时间大约5000—8000年之间。

# 文明曙光

4700年前，人文初祖炎帝、黄帝、蚩尤经阪泉之战、涿鹿大战、合符釜山，实现部落统一，开创中华文明。后披山通道，征服四方，于今北京西山一带，开启人工筑路历史。（图为黄帝城遗址）

## 形成与发展

汉时，苏武持节匈奴，取道西山，军庄村留下思汉岭地名；匈奴"单于之庭"一度深入西山腹地，大汉岭（大寒岭）地名流传至今。

西晋建兴四年（316），潭柘寺始建，佛教进入北京西山。

东魏武定三年（545），王平河北筑城驻军，以防柔然、库莫奚人南下。

北齐政权，于京西北部山区修建长城，以固防御。

隋唐时期，斋堂灵岳寺、齐家庄灵严寺、沿河口柏山寺、三家店白衣庵、苛罗坨西峰寺、妙峰山大云寺、百花山瑞云寺、清水双林寺等一批佛教寺庙纷纷创建，香火遍布京西。

五代，奚族西支（西奚）在皇太妃带领下，利用沿河城大断裂地形，修通西奚古道；卢龙节度使刘仁恭割据幽州，置玉河县，修筑玉河古道。

辽代，京西采煤业、烧造业兴起，道路长足发展。

宋宣和四年，金军取道黄草梁、爨底下、大寒岭，轻取燕京。萧太后落荒而走。

金代，章宗完颜璟在位20年，多次游幸北京西山，建八大行宫水院。北京城内用煤量大增，京西古道进一步发展。金末，长春真人丘处机命弟子尹志平于燕家台修通仙观。

元中统四年（1263），朝廷于琉璃渠村设琉璃局及窑厂，所烧琉璃经京西大道运京，用于大都建设。至元二十八年（1291），郭守敬重开金口河，水运京西煤炭、木材、石材、大灰进京。"西山兀，大都出。"元末，朝廷派员进驻西山，验地理，审形势，分四至，通道路。又团结西山大小十一处山寨，以为保障。分派任务于各村，垒塞路口，设宛平县卢沟桥、王平口、齐家庄、石港口四巡检司，查验过往行人。

明嘉靖年间，沿河口防线建成。嘉靖十九年（1540）至二十二年（1543），拓修下苇甸至担礼永定河左岸道路。万历六年（1578），明安禅师牵头重修石佛岭古道，沿河城建成。崇祯三年（1630），明军沿西山古道追歼后金军于牛角岭。民间碧霞元君娘娘崇拜兴起，妙峰山庙会及香道开始形成。

　　清代，"京师炊爨均赖西山之煤"。康熙三十二年（1693），修三家店经香山至西直门运煤通道。康熙三十七年（1698），康熙帝敕封永定河名。乾隆末年，京西十里八桥段古道大修。道光年间，由圈门经峰口庵、王平口、宅舍台，至大寒岭古道大修。

　　民国十年，戒台寺达文住持重修卢潭、岢戒古道。民国二十六年（1937），国民党中央军第十四军驰援南口，于京西古道进入门头沟山区，与日军打响"髻鬙山战役"。

　　抗日战争期间，京西古道为我军重要交通联络线路。

　　到二十世纪五六十年代，京西古道部分路段仍在使用。再后，陆续废弃。

# 文化研究

1984年，《周口店发掘记》出版，作者贾兰坡指出，永定河河谷是古人类迁移廊道。

1992年9月，安全山、徐贺成徒步圈门至大寒岭一线，开启京西地区古道资源（现代）考察之旅。

1995年，《妙峰山香道考察记》出版，作者常华等。

1998年4月8—10日，门头沟区政协组织大规模古道考察活动。安全山所作考察方案中，首次使用"京西古道"概念一词。

2000年12月，孟凡柱、陈培富主编《京西古道模式口》出版。

2002年，门头沟区政协《京西古道》编写出版。10月8日，《我与京西古道》一文在《北京青年报》刊出，作者安全山。京西古道走出京西。

2003年，中央电视台《京西古道》六集专题片拍摄完成并播出。

2004年6月28日，第28届世界遗产大会在中国苏州举行，国家文物局党组书记、局长单霁翔在大会主旨发言中，将京西古道作为重要例证。

2008年4月，门头沟区政协组织北京市社会科学院尹钧科、吴文涛，北京联合大学张妙弟，北京师范大学刘铁梁及王洪杰、孙克勤、林翰龙等一批专家学者考察京西古道。7月16日，首届"京西古道文化研讨会"举办。

2009年6月17日，第二届"京西古道文化研讨会"召开。"北京京西古道文化发展协会"成立。《京西古道文化研讨文集》及《京西古道》会刊第一期印发。

2013年4月，"京西古道文创工作室"赴阳原、蔚县、涿鹿、怀来等地，开展"京西古道探源之旅"。八集纪录片《古道西风》在央视九频道陆续播出。6月，安全山编著，永定河研究文集《京西古道》（上中下）出版发行。

此后陆续出版《京西军旅古道》（安全山编著），《京西商旅古道》（安全山、齐鸿浩合编），《京西进香古道》（袁树森著），《京西古道诗词》（易克中编），《京西红色交通线》（袁树森编）。

2013年7月10日，第三届京西古道文化研讨会举办，首次提出京西古道"申遗"课题。

## 品牌打造

2013年7月，《京西古道旅游指南》编辑出版。

2014年，《京西古道徒步指导手册》《京西古道旅游路线图》出版。

2015年3月21日，北京京西古道文化发展协会策划组织，"京西古道马拉松"万人古道行大型活动启动仪式，在妙峰山镇水峪嘴村举行。

2015—2016年，门头沟区宣传部与旅游卫视合作，三集大型纪录片《京西古道》完成拍摄并陆续播出。

2016年，古道协会推出六条"古道马拉松"精品线路。

2017年10月27—29日，北京京西古道文化发展协会主办，"三家店—黄帝城"泛京西古道研学活动成功举办。

2019年，古道协会策划并举办"京西古道叼鲜大会""京西古道赶秋大会"原创品牌节庆活动。

2020年，古道协会提出"京西古道文化体验生态系统"项目概念，并组织开展相关研究与实践探索。

2022年8月20日，古道协会"京西古道微度假旅游目的地"微循环系统驿站联盟项目启动。

# 后 记

　　1998 年 4 月 8 日，在门头沟区政协文史委的大力支持下，"京西古道"概念第一次被正式提出。25 年来，京西古道走出了一段不平凡的"重生"历程。从实地踏勘、线路梳理、条段命名、文物保护，到文化挖掘、理论研究、成果发布、著书立说，以及媒体宣传、品牌打造、社会关注、价值实践等等，京西古道已然成为西山永定河文化带上一颗耀眼明珠，成为京西门头沟区一张金色的文化名片。这里有市区各级政府长期以来的高度重视与大力倡导；有以安全山为首一批本地专家学者的孜孜以求与默默奉献；有北京市社会科学院、北京师范大学、北京联合大学的尹均科、朱祖希、张妙弟、吴文涛等一批专家教授的学术助力，更有古道爱好者的积极响应及社会大众的广泛参与……

　　京西古道是一种特殊文化载体形态，也是一种多维立体的超时空文化表现生态。长期以来，关于京西古道方面的文化研究广泛深入，成果丰硕。古军道、古商道、古香道、古御道，以及与之紧密相关的军事、政治、经济、交通、物产、民俗、宗教、文化碰撞、民族融合、地区治理、城市发展等等，京西古道内涵丰富，外延宽阔，价值饱满，文化概念自成体系。

文化的意义在于优良承继，在于价值呈现，以及创新发展。京西古道是门头沟区一个重要文化标签，文化地位显著，作用空间广泛，价值潜力巨大。生态立区、文化兴区、科技强区为门头沟区今后发展战略定位，如何把文化生态与自然生态两大资源形态有机结合，通过思维创新、跨界融合、需求对接，实现京西古道文化价值释放与文化创新发展，是时代交给我们的一项长期课题。

　　本书策划初衷，是以人文视觉、文化审美的叙事角度，通过时空感、历史感、生命感、价值感强化调动，来展现京西古道文化魅力，强调古道文化审美体验。同时，不做过多学术阐述，本着轻阅读、易传播、大众化阅读体验书写态度，节约用字、图文并茂，注重文字张力，强化视觉力量，努力争取界面友好。但不可否认的是，缘于写作者的经验水平及客观因素限制，远没达到应有的效果理想，甚至存在某些错误，还望方家批评指正，以利今后。

　　本次成书，受门头沟区政协文史委之托，并得益于古道专家安全山老师多年研究成果，作者由衷感谢。北京市社会科学院尹均科老师，如今82岁高龄，老人不辞辛劳，为本书作序，令人无比感激。本书图片部分，为鱼儿老师摄影作品，长期以来，她跋山涉水，千辛万苦，用镜头描绘京西山水，讲述人文故事，家乡情怀溢于言表。同时还要感谢为本书提供摄影作品的吴涛老师（古道国际）、贾素芳老师（河北阳原泥河湾）、王树忠老师（河北涿鹿黄帝城）、赵亚洲老师（牛角岭古道）、高宏伟老师（太平鼓），以及为本书提供各种帮助的杜春雅、王艳芬、石建山、张云涛、董静一等诸位老师。

京西古道，远古走来，山水人文，一路铿锵。京西古道社会价值实践与文化创新发展，其任重且道远。

编著者

2023 年 4 月